光文社知恵の森文庫

太田直子

字幕屋のホンネ

映画は日本語訳こそ面白い

『字幕屋は銀幕の片隅で日本語が変だと叫ぶ』改題

社

本書は『字幕屋は銀幕の片隅で日本語が変だと叫ぶ』（2007年　光文社刊）を加筆・修正し文庫化したものです。

まえがき

映画字幕の伝説的な名せりふといえば、やはり「君の瞳に乾杯！」だろうか。もはや古すぎて知らない人も多いかもしれないが、一九四二年の米国映画『カサブランカ』で、ハンフリー・ボガートが麗しのイングリッド・バーグマンに言った印象的なせりふだ。もちろんボガートが日本語で「きみのひとみにかんぱい」と口走ったわけではない。あくまでそれはスクリーンの右隅に出てくる「翻訳」だった。実際のせりふは、

Here's lookin' at you, kid！

「『瞳』に当たる英単語はどれ？」

などと、やぼを言ってはいけない。場面の雰囲気をとらえて、ふさわしい日本語にするのが翻訳であり、字幕なのだ。もちろん、この訳については、「ほんとうにこれでいいのかな」と、再公開当時に字幕を担当した御大・清水俊二氏も自著で書いておられる（『映画字幕《スーパー》の作り方教えます』文春文庫、一九八八年）。

字幕に限ったことではないが、翻訳者はいつも日本語と外国語のはざまで身悶えている。言葉を扱う仕事に絶対的な正解はないからだ。当然、批判もされるし、翻訳者自身、納得できていないということもままある。

本書では、外国映画の翻訳にまつわる、あれこれについて書いた。「あれこれ」では、あまりにわかりにくいので、もう少し説明すると、「映画字幕屋の自己弁護」ということになるだろうか。それにかこつけて、「いまどきの日本語」についても気になることをあれこれ。

映画のせりふという「生きた言葉」を扱う字幕屋は、日本語の翻訳文もできるだけ日常に密着した自然な言葉にしたい。そこで日ごろから、目を皿にし耳をダンボにして情報収集に努めているのだが、広げた網にはなんだか変なものもたくさん引っかかってくる。そうしたものを俎上に載せた。

要するに舞台裏の話である。

もともと裏側や隅っこが好きな性格なので、表舞台はよく知らない。有名監督やスター俳優との華麗なる交友などまったく縁がないし、映画そのものについて語るほどの知識さえない。なんとなくはずみで字幕屋になってしまった出自の怪しい人物が、本書の著者だ。

学生時代から翻訳には興味があったが、映画の字幕翻訳という仕事が世の中にあるとはつゆ知らず、ただロシア文学研究者を夢見て二十三歳のとき当てもなく上京した。二浪までしてやっと入った露文の大学院にもなじめず悶々としているとき、偶然に字幕というものを知り、これはおもしろいと思い、不器用ながらその路線で人との出会いを大切にしているうちに、こうなってしまった。

映画の字幕翻訳という仕事を始めて約二十年。業界ではまだまだ尻の青いガキだが、いろいろうっぷんもたまっている。それを吐き出してみた。つい筆がすべって敵を増やし、自分の首を絞めることになっただけかもしれない。

恐れを知らぬ所業である。

もくじ

本文イラスト　死後くん
本文デザイン　原田恵都子（Harada＋Harada）

”外国映画の翻訳二種“

映画がこの世に誕生して一世紀余り。これまでたくさんの映画が世界中でつくられてきた。その数は……とうてい推計すらできない。とにかく、たくさんであることはまちがいない。

世界各国でつくられた映画は、その黎明期から意外なほど早く国境を越え、外国映画として多くの観客を得た。たとえば、「映画芸術の父」ともいわれるＤ・Ｗ・グリフィスの記念碑的超大作『イントレランス』（一九一六年・米）は、米国公開のわずか三年後、一九一九（大正八）年に日本で公開されている。

ここで映画史のうんちくをたれるつもりはない。というより、わたしにそんな力はない。

お話ししたいのは「映画の翻訳」についてである。

外国映画に出てくる言葉はたいてい外国語なので（当たり前だ）、バイリンガルでもない限り、われわれにはチンプンカンプンだ。そこで翻訳が必要となってくる。もちろん、せりふの一切ない映画や、せりふはあっても見ていればだいたい話のわかるような映画もある。それは横に置いておくとしよう。

あるいはたまに、「あんなおかしな翻訳をつけるくらいなら、いっそ何もないほうがいいのに」と言われて、わたしなどは深く傷ついたりするが、そういうこともここではとりあえず封印しないと話が進まない。

外国映画の翻訳は、大きく分けて二種類ある。「字幕」と「吹き替え」だ。字幕は、せりふの翻訳文をスクリーンの隅っこに出す。吹き替えは、俳優のもとの声を消して、声優が代わりに日本語をしゃべる。それぞれ一長一短、甲乙つけがたい。人によって好みもあるだろう。

ひと昔前までは、映画館では字幕、テレビ放映では吹き替え、というふうに、わりとはっきり分かれていた。それが次第に、テレビで深夜に字幕版の映画が放映されるようになり、ビデオでは吹き替え版が増え、衛星放送は字幕放映が主流となり、一方で映画館での吹き替え版上映が増加し……と、両者の住み分けは今やすっかり崩れた。選択の幅が広がって、いいことである。当然、字幕翻訳者も吹き替え翻訳者もそれぞれに仕事が増えるわけで、ますますもって慶賀の至り。まあ、いいことばかりでもないのだが、この話はまた後ほど。

字幕のいいところは、なんといっても、俳優の本物の声を聞けることだろう。俳優の姿や、所作・表情の演技だけでは物足りない。やはり本物のナマの声を聞きたい。熱烈なファンであれば、なおさらだ。とはいえ、聞いただけでは何をしゃべっているのかわからない。そこで、翻訳文を映画フィルムに刻印するという字幕手法が考案された。

ちなみに、日本で初めて映画に字幕がついたのは、一九三一（昭和六）年のこと。ゲイリー・クーパーとマレーネ・ディートリッヒが主演した『モロッコ』（一九三〇年・米）だった。以来、営々と二十一世紀の今日に至るまで、字幕文化は試行錯誤を重ねつつ、映画翻訳の王道として親しまれている。自慢するつもりはないが、日本の字幕はまちがいなく世界一クオリティが高い。そもそも外国で字幕版の上映はあまりないと聞く。

では、字幕がいいことずくめかというと、とうていそうは言えない。いちばんの欠点は、せりふの内容を一〇〇パーセント伝えられないことだ。字幕は、翻訳というより要約なのである。

字幕版で映画を楽しむには、観客が画面の文字を読まなければならない。人間が文章を読むスピードは限られているので、その能力に合った文章量にしないと、読み終える前に字幕は消えて、話がまるでわからなくなってしまう。特に、アクションシーンなど人物の動きが激しかったり、映像がめまぐるしく切り替わったりするようなシーンでは、そちらに目を奪われて字幕などおちおち読んでいられない。そこで、本来の翻訳を要約し、読みやすく加工する。当然、内容の何割かは抜け落ちてしまう。

その点、吹き替えは、日本語が耳から入ってくるので、どんなに早口でも、せりふの内容を楽々と把握できる。一〇〇パーセントとはいかないまでも、はるかに多くの内容を伝えられるのだ。しかも字幕を読む労力が不要なので、映像にじっくり目を凝らすことができる。

吹き替え版の欠点は、やはり俳優のナマの声を聞けないことだろうか。

わたしはかつて一度だけ吹き替えの収録に立ち会った経験があり、そのとき声優の多彩な能力に驚嘆したので、大いに尊敬しているのだが、そうはいっても、もとの俳優のナマの声に比べると「クサさ」は否めない。もちろんその責任は、声優ばかりではなく、吹き替え用の日本語台本にもあるのだろう。

このように、吹き替えと字幕は一長一短。耳で聞くか、目で読むか。時間とお金に余裕のある方は、両方を味わっていただけると幸いだ。

”第三の映画翻訳“

映画の翻訳には字幕と吹き替えの二種類があると書いたが、実はもうひとつ、おもしろいスタイルがある。その名も「活弁」。「かつべん」と読む。ご存じの方もいると思うが、パソコンで「かつべん」と打っても、すんなり変換されないくらい、今では知る人ぞ知る、いにしえのスタイルだ。昭和初期のころ全盛だった。

「活弁」とは「活動写真の弁士」のこと。昔、映画は活動写真と呼ばれていた。つまり、普通の写真に対して、「動く写真」。英語で言うところの「ムービー movie」である。今でも年輩の業界人のなかには、「あれはいいシャシン（映画）だよねえ」などと言う人がいる。弁士は、読んで字のごとく「弁ずる（しゃべる）人」。かつてサイレント映画の時代に、映画館の観客の前でストーリーを解説したり、俳優の代わりにせりふをしゃべったりする人がいたのだ。

映画は一九二〇年代後半まで音声がなかった。映像のみ。ときどき画面いっぱいに文章が出て、最小限の説明やせりふが補足される。それ以外の内容は、パントマイムと口パクで想像するしかない。これを「サイレント映画」とか「無声映画」と呼ぶ。先に触れた『イントレランス』もそうだし、チャップリンの映画といえば、「ああ、あれか」と思い当たる人もいるだろう。『黄金狂時代』(一九二五年・米)ほか、傑作は多い。

このサイレント映画をそのまま上映すると、映画館は最初から最後まで完全な静寂に包まれる。お腹が鳴っただけで周囲に聞こえ、かなり恥ずかしい。かといって、せんべいをばりばり食べるなど、もってのほか。居眠りでもしようものなら、いびきをかかなくてもバレバレだ。それどころか、うっかり身動きもできない。これは困った、窮屈だ、どうしてくれよう、と関係者は考えた。

どうせ外国のサイレント映画は、ときどき出てくる説明やせりふの外国語を翻訳して、観客に伝えなければならない。それならいっそ……。先人は華麗なるショーアップを思いついた。オーケストラでBGMを奏で、物語の内容はライブで弁士が語る。

映画館の静寂は、一転して賑々しい祝祭空間に変貌した。

「こうなったらやけくそじゃ、いてまえ」の世界である。

スクリーンに映る外国語の翻訳だけでは飽き足らず、俳優のパントマイムや口パクにも日本語で説明やせりふを補うようになった。テレビの「プロ野球珍プレー好プレー」のたぐいをイメージしていただけるとわかりやすいかもしれない。スクリーン脇の小机に控えた弁士が声音《こわね》を使って滔々《とうとう》と語るさまは、さながら講談師のごとし。

ときあたかも世紀末。舞台はアメリカ中部の片田舎。あばら屋にひっそりと慎ましく暮らす初老の男がおりました。男の名はハリー・ジョンソン。「ああ、今日もよく働いた。明日はスミス夫人に頼まれていた薪作りに行こう」。と、そこへ激しく扉をたたく音。どんどんどんっ！「こんな時間にいったいだれだ」。いぶかしみつつ扉を開けるハリーさん。なんと、そこには！……

きりがないので、このくらいにしておく。

「で、この活弁原稿は何という映画のものなのですか」などと、きまじめに聞かないでほしい。わたしが今、即興で適当に創作した架空の活弁である。

とにかく、こんな感じで弁士の語りは上映中ほとんど切れ目なく続くのであった。語るにあたって問われるのは想像力だろう。物語の理解力といってもいい。画面に出るわずかな文字情報と、場景や俳優の動き・表情だけで、弁士の「しゃべくり台本」は作られる。これはもはや狭義の翻訳ではないが、それでも敢えて「第三の映画翻訳」と呼びたい。

外国映画の翻訳とは、つまるところ、いかに異文化のハードルを越えつつ観客に映画をリラックスして楽しんでもらうか、ということだ。

この点は、字幕も吹き替えも活弁も変わらない。学校のテストでなら満点をもらえる正確な翻訳も、映画翻訳としては0点ということもある。

たとえば唐突に、「フレーブニコフもそう言っていましたよ」というせりふが出てきたとしよう。日本でフレーブニコフを知っている人が何人いるだろうか。どこのどういう人やらさっぱりわからないのが普通だ。そのまま訳したのでは文脈として意味をなさない。ストーリーを理解するうえで妨げにさえなる。そこで映画翻訳では、「ロシアの前衛詩人もそう言っていましたよ」と書いたりする。原文に「ロシアの前衛詩人」などという単語はどこにもないにもかかわらず、だ。

映画翻訳者は、言うなれば「言葉の詐欺師」。

もちろん、お客様を幸せにするのが目的の「善なる詐欺師」のつもりなのだが、力及ばず逆に怒らせてしまうことも多々ある。

映画字幕の作り方

映画の字幕翻訳は、本などの普通の翻訳と大きく違う。俳優がしゃべっている時間内しか翻訳文を画面に出せないので、せりふの内容をコンパクトにまとめる必要があるのだ。そうしないと読み終える前に画面から文章が消えてしまい、観客はストーリーを把握できなくなってしまう。いうなれば字幕は、「要約翻訳」なのである。

どの程度、要約するのか。それは時間（各々のせりふの長さ）によって決まる。一秒のせりふなら翻訳文は四文字以内、二秒のせりふなら翻訳文は八文字以内、三秒なら十二文字以内……、つまり「一秒＝四文字」を原則として、ひとつひとつのせりふに「要約翻訳文」をつくっていく。

とはいえ、映画一作品で平均千ほどもあるせりふを、いちいち翻訳者がストップウォッチで測っていたら仕事にならない。巻き戻しと再生をこれでもかというほど繰り返すビデオデッキも悲鳴を上げるだろう。

そこで、翻訳者はビデオテープと原語台本を受け取ると、まず台本にせりふごとの区切りマークを入れ、それに通し番号をふって、字幕制作会社に渡す。すると会社の専門スタッフが専用マシンでせりふの長さをひとつずつ測り、リストにしてくれる。数字がずらずら並んだこのリストを受け取って初めて、字幕翻訳の開始となる。

ときどき恐ろしい誤解をされるが、字幕翻訳者は映画のせりふを耳で聴き取って翻訳しているわけではない。ちゃんと原語台本というものがあり、それを辞書を引きながら読んで翻訳している。もちろん、どのくらい辞書を引くかは、個人差が大きい。ほとんど辞書なしですらすら読めてしまう翻訳者もたくさんいるだろう。

わたしなどは「引き倒す」と表現したいくらい辞書を引く。

外国語堪能というにはほど遠いので、いつも不安で不安でたまらない。台本は訳語の書き込みだらけだ。仕事が終了して台本を映画会社に返却したとき、書き込みがそのままだと「え、オオタって、こんな単語も知らなくて辞書を引いたのか?」と、あきれられそうなので、最後は必死で消しゴムをかける。あるいは、事前に自分用のコピーをとってから書き込みをする（こんなこと、ここで書いていいのだろうか。でもそれが実態なのだからしかたがない）。

こうして一週間ほどで一作品の字幕原稿が出来上がる。

たった一週間で？

と驚かれるかもしれないが、一週間あればいいほうで、ときには三〜四日でやってしまうこともある。字幕翻訳は、字数制限も厳しいが、それに劣らず時間制限（締め切り）もハードなのだ。いつも、「一刻も早く早く！」と尻をたたかれている。

おかげで尻は腫れるし、プライベートな約束はドタキャン続きで友達をなくすし、家事などは当然のように後回しとなって、ゴミはたまるわホコリは積もるわ書類と資料とビデオテープの山で足の踏み場もないわ……、女性の字幕翻訳者に「独身・子なし」が多いのも自然の成り行きだろう。「結婚はしたくないけど、主婦（夫）が欲しい」と、しみじみつぶやく者もいるとかいないとか。もっとも、これについては各人の性格の問題もあるかもしれない。あまりに恐ろしいテーマなので、これ以上は深入りすまい。

さて、出来上がった原稿を字幕制作会社に渡すと、そこで映画フィルムへの字幕入れ作業が行われる。以前はさまざまな過程が手作業で、まさに職人芸の世界だったが、いまはこの分野でも技術革新が進み、レーザーでフィルムに文字を刻印するスペシャル・マシンが活躍している。一台数千万円だとか。もっとも、そのうち映画も映画館へのデジタル配信が主流になって、映画フィルムそのものが消えてなくなるらしい。そうなれば栄光のスペシャル・マシンも出番なしだ。

日本で初めて映画に字幕がついた『モロッコ』（日本公開・一九三一年）以来、職人芸の世界が営々と七十年ほど続いた。ところが、次に現れたレーザー字幕が主流になってまだ十年ほどだというのに、再びデジタル配信という「世代交代」が迫りつつある。

早い、早すぎる。技術革新で作業がスピードアップし、完成品のクオリティも上がるなら、よいことにはちがいないが、それについていくことを要請される凡俗の徒は、つい「めんどくせ〜な〜」とぼやいてしまう。いまだにパソコンは苦手なのだ。

字幕における変化は技術面ばかりではない。字幕原稿の中身、つまり日本語についても「今風」を要求される。

「この字は常用漢字外だから使えません。どうしても使うならルビ（ふりがな）をふりましょう」

「こんな四字熟語を理解できる観客はほとんどいません。別の表現にしてください」

「この比喩はわかりません」

「伏線なんてだれも気づきません」

「この言葉は差別と受け取られかねないので言い換えましょう」

などなど。

どうにも窮屈なのである。この話は、あとでこってり書きまくる。

”吹き替えの自由と苦労“

字幕と双璧をなす映画翻訳として吹き替えがある。テレビの海外ドラマやゴールデンタイムの映画放映などでおなじみだろう。いまでは劇場公開の映画も、字幕版と吹き替え版の両方で上映されることが多くなった。字を読めなくなった人が増えたから……では決してないと思うが、経費節減の折り、費用も作業時間も字幕の倍以上かかる吹き替えがなぜ台頭してきたのか謎だ。それだけのニーズがあり集客効果があるということだろう。

わたし自身、ただ単純に映画を楽しみたいというときは、いっそ吹き替え版のほうが気楽だ。字幕版を見ると、あれこれ些細なことが気になって映画そのものを楽しめなくなる。

もちろん、これは職業病の一種で、世の中のニーズとは関係ないかもしれない。目の前に映る他人の字幕をつい添削してしまうのだ。

「どうしてここで改行するかなあ」

「これくらい漢字で書けよ」

「この一人称は不要だろう。いたずらに字数を増やしやがって」

などと、上映中ずっとブツブツ言っている。はなはだ傍迷惑《はためいわく》である。

吹き替え翻訳は、字幕のようにせりふの秒数を測って字数計算する必要はない。その点はわりあい自由がきく。もとのせりふの内容をかなり忠実に翻訳できるし、字幕では抑制せざるを得ない口語的表現もしやすい。

たとえば、「ったくもう、しょうがねえなあ、何やってんだよ。この前、注意したじゃんか」というふうに。字幕だと、「何やってんだ　注意したろう」くらいにしかならない。

もうひとつ大きな利点は、複数の登場人物がわいわいがやがや同時にしゃべっていても、吹き替えならそのすべてを表現できることだ。字幕では、一度に画面に出せるせりふは一人分だけなので、どれかひとつを選ばなくてはならない。同時にしゃべっているほかの人物のせりふは無視するしかないのだ。この取捨選択にいつも悩まされる。

アル・パチーノ主演の『狼たちの午後』(一九七五年・米)をテレビ放映用に字幕翻訳したときは、頭を抱えた。銀行強盗に入った男がたちまち包囲され、銀行員を人質にとって立てこもるのだが、この犯人の男と交渉人の捜査官のやりとりがすごい。二人ともほとんど同時にわめいている。それも延々と。

根性のないわたしは思わず担当者に小さな声で訴えてしまった。

「これ、吹き替えで放映したほうがいいんじゃないですかね」

もちろんそういうわけにもいかず、冷や汗を流しながら字幕原稿を書き上げたが、やりとりのおもしろさを半減させたようで、忸怩《じくじ》たる思いだ。

とはいえ吹き替え翻訳にも、さまざまな制約や苦労がある。そのひとつが「口合わせ」。しゃべっている人物が後ろ姿だったり画面の外にいたりする場合はいいのだが、はっきりと口の動きが見えているときは、できるだけそれに合わせた日本語にする必要がある。

たとえば、主人公が大声で「NO!(ノー!)」と叫んでいるとしよう。

口の形は「お」になっている。これに「よせ！」という吹き替えのせりふをあてたら、最後の口の形は「え」。「だめだ！」だと「あ」。どちらもだめだ。見ている者の目に違和感が生じる。そこで「やめろ！」を選択する。

もうひとつ吹き替えで苦労するのは、原稿の作成そのものだ。字幕原稿なら、せりふの通し番号と翻訳文だけを書けばいいが、吹き替え原稿は書き込むことが山ほどある。そのシーンの場所（「喫茶店」「アンナの自宅」「路上」など）や、しゃべっている人物の名前はもちろんのこと、映画のなかのあらゆる「音」を書き込まねばならない。「ＢＧＭスタート」「ＢＧＭ終了」「ノックの音」「電話のベル」「泣く」「笑う」「ため息」「鼻をすする」「舌打ち」などなど。さらには、しゃべっている人物が画面に出ているか否かまで記号で明記する。その他いろいろ。

日々、字幕の字数制限に苦しむわたしは、吹き替え翻訳の自由さにあこがれていたのだが、三作品の吹き替え翻訳を経験して完全に音《ね》を上げた。慣れていないせいもあるかもしれないが、字幕翻訳に比べて時間がかかりすぎる。その差、三倍。なのにギャラがほぼ同じなのも納得できない（素人同然なのだから文句いうな、と言われそうだが）。おまけに、できるだけ少ない字数で表現することを要求される字幕とは反対に、「もっとたくさん書いてください。これじゃ足りません」と言われる始末。

「自分で日本語のせりふを声に出して何度も読んで、もとのせりふと長さが合うかどうか確認しながら原稿を書いてるんですけど」と反論すると先方は、「この素人が」というふうに失笑しつつ、のたまった。

「あのね、オオタさんの滑舌《かつぜつ》と声優さんの滑舌は全然ちがうでしょ」

そこに気づかなかったとは不覚。やはり素人なのだった。

”ちがって当たり前“

「このDVDの字幕と吹き替え、翻訳がちがうじゃないか！」

というクレームが、発売元へたまに来るのだそうだ。これも悩みの種である。

もちろん、字幕と吹き替えで意味がまるで逆になっていたら問題だ。

たとえば、字幕が「怖いわ」なのに、吹き替え版で「ワクワクしちゃう」になっていたら、それはまずいだろう。その登場人物の表情を見れば、どちらが正解かわかりそうなものだが……。そんな間違いが生じたときは伏してお詫びするしかない。場合によっては、商品回収・改訂版発売ということもある。しかし、そのくらいのチェックは前もってDVD担当者が丹念にやっているのがふつうだ。

クレームとして来る「ちがうじゃないか」の多くは、表現方法や言葉の選び方についての指摘らしい。こうしたちがいは、大らかに「そのちがいを楽しむ」というくらいの気持ちで接していただきたい。これが、われわれ映画翻訳者の正直な気持ちだ。

すでに述べたように、字幕と吹き替えでは文字数の制限がまるでちがう。制限が緩やかな吹き替えなら、せりふの内容をほぼそのまま伝えられるときも、字幕ではその半分か三分の一くらいに文章を縮めなければならないことがままある。たとえば……、

吹き替え版「おい、こんなときに、どこへ行ってたんだ？」

字　幕　版「どこへ行ってた？」

これは単純に、重要でない部分を省略して縮めた例だ。簡単すぎてサルでもできる。

もうひとつ簡単な例では、表現を反転させて縮める方法がある。

吹き替え版「なぜもっと前にそれを言わなかったんだ？」

字　幕　版「なぜ黙ってた？」

このくらいまでは、比較的たやすい。しかし、ただ縮めるだけではうまくいかないこともしょっちゅうある。字幕屋は脳みそをフル回転させ、なんとかして窮地を脱しようと七転八倒する。

たとえば、こんな字数制限を課されたら、どう短縮すればいいだろうか。むっつり黙り込む女に、男が問いかけるシーン。

男「どうしたんだ」→五文字以内
女「あなたが私を落ち込ませてるのよ」→五文字以内
男「僕が君に何かしたか」→五文字以内

この三つのせりふは、順番に六文字・十五文字・九文字である。吹き替えで声優がしゃべるぶんには、このままで何ら問題はない。ところが、それぞれの秒数を測ってみると、三つとも一秒ちょっとしかない。字幕は「一秒＝四文字」が原則なので、三つとも五文字以内で表現しなければならない（ちなみに、字幕の「文字数」とは、漢字・かなを問わず文字通り「文字の数」であって、「音の数」ではない）。

特に二つ目の十五文字が難物として立ちはだかる。これをどう三分の一にまで縮めればいいのか。「あなたのせいよ」という案が浮かぶが、これでも七文字。まだ多い。こうなったら最初の男の問いかけを改変して、女のせりふの内容を補うしかない。そこで、こんな字幕が出来上がる。

男「不機嫌だな」
女「おかげでね」
男「僕のせい?」

苦肉の策だ。やはり、女の「おかげでね」というせりふはちょっと苦しい。皮肉のつもりなのだが、すんなりわかってもらえるかどうか。

もっといい案があったらぜひご一報を、といいたいところだが、ご一報いただくころには、すでに劇場公開もＤＶＤ発売も終わっているだろう。映画翻訳は時間に追われる仕事である。二つ三つのせりふに何日もかけて悩むわけにいかない。実際、この三つのせりふについて、わたしが右記のごとく脳みそを働かせた所要時間は三分ほど。

なにしろ一日のノルマは、その百倍なのだ。だいたい日に三百のせりふを字幕原稿化する。

言い訳がましい文面になってしまったが、字幕と吹き替えは、その根本のところでちがう。書物のような一般の翻訳でさえ、翻訳者の解釈や言葉選びによって微妙にちがってくるのがふつうだろう。

「まちがい探し」も楽しいが、なにとぞ大らかに物語そのものに浸っていただきたい。

〝驚異の語学力〟

字幕や吹き替えに頼ることなく、ナマのせりふを自分の耳で聴き取って外国映画を楽しめたらどれほどいいだろう。辞書を引くことなく、すらすら外国語が読めたらどれほど楽ちんだろう。ああ、あこがれのバイリンガル。わたしには夢のまた夢だ。

複数の言語に堪能で、どれも母国語のように自由に操れる人たちは、驚異というしかない。脳内がどうなっているのか、のぞけるものならぜひ一度のぞいてみたいものだ。

わたしは英語もロシア語も、ついでに日本語も、しゃべるのはまったく不得手なので、余計にそう思う。英語でしゃべらなければならないような場には努めて近寄らないし、「う、これはヤバそうだ」という気配を察知しただけで、尻に帆かけて逃げ出す。よくこれで翻訳者を名乗っていられるものだ。もちろん他の字幕翻訳者にこれほどのへなちょこはいない。

昔々、まだこの世にビデオさえ存在せず、字幕翻訳のプロが数人で足りていたころは、その全員が英語の達人だったらしい。いま現役で活躍している人たちも、個人差はあれ、「英会話」と聞いただけで逃げ出すような腰抜けはいないだろう。

苦手意識が高じて、ただ逃げ回るばかりとなり、努力というものをしない。お恥ずかしい限りだが、開き直りの苦しい弁明なのは承知のうえで敢えて言えば、わたしは会話や文章で微妙なニュアンスが抜け落ちるのがいやなのだ。「言葉の妙」というのだろうか、細部にこだわってしまう。言葉が単なる情報伝達だけの道具だとは、どうしても割り切れない。

たとえば右の、「開き直りの苦しい弁明なのは」という文面も、「〜弁明なのを」にするかどうか三分くらいぐずぐず悩んでいる。助詞を「は」にするか「を」にするか。実に些末なことだ。意味はまったく変わらない。

ただ、すぐあとに「わたしは」という文言がくるので、「は」が続くのを避けて「弁明なのを」にしたほうが美しいだろうか。いや、この文面なら「は」が続いてもそう違和感はないような気もする。いっそ「わたしは」を削除したほうがすっきりするのではないか。もう一度最初から読み直して判断しよう……などなど、気になりだすと、いつまでも迷いを消せない。たぶんこの稿も、編集者に提出するまでに、十回は「は」と「を」を入れ替えたり、「わたしは」を消したり書いたりして、しつこく読み直してしまうだろう。ご苦労なことである。

文章を書く場合はいくらでも時間をかけて推敲《すいこう》できるが、しゃべるのはリアルタイムの瞬間的判断となる。助詞を「は」にするか「を」にするかいちいち悩んでいる暇はない。英会話でも細かい文法など気にせず、どしどし言葉を発するべきなのだろう。陰気に黙り込むくらいなら、知っている単語だけをばらばらと散弾のように浴びせたほうが、よほどましである。そうわかっていても苦手意識にとらわれ、つい萎縮してしまう。性格の問題もあるかもしれない。あるいは、わたしの頭の回転がひどく鈍いということだけなのかもしれない。中年の坂を上りきって転げ落ちつつある今となっては、回転数を上げる努力もむなしく思われる。本体が古すぎて部品交換もままならない。

こうしていじける一方で、仕事柄、周囲には日本語を驚異的なほど自由に操る外国人がたくさんいる。在日十年とか二十年とか、日本で長く暮らしている人たちがほとんどなのだが、それにしてもあの流暢な日本語はいったいどういうことなのか、いつも不思議に思う。畏怖《いふ》さえ感じる。しかも、ただ日本語がうまいというだけではない。そこらへんの日本人より、日本の歴史や文化や言葉をよく知っており、世界情勢全般にも通じている。インテリとは、こういう人たちのことをいうのだろう。ひょっとして、外国人というのはうそで、実は日本で生まれ育ったのではないか、と疑いたくなるほどだ。

とはいえ、こういう人たちも、日本語の文章を書く段になると、幾分かほころびを露呈することがある。あれほど自在にしゃべれるのにどうしてだろうと、これまた不思議に思う。微妙なニュアンスが抜け落ちたり、言葉選びの細部でつまずいたりするのだ。

非英語圏の外国映画の字幕をつくるとき、ごくまれにだが、日本語の堪能な外国人に「和訳」をお願いすることがある。あれほど日本語を流暢にしゃべる人なら、和訳もみごとなものにちがいない。そう思って待っていると、「えっ?」というようなものが送られてくる。確かに、学校の筆記テストなら、すべて花丸、満点だ。意味内容は完璧。けれども、それぞれの登場人物のせりふとしては違和感がある。たとえば、八歳の少女が姉に言っているせりふなのに、「あなたはここに居るべきではない」「大丈夫だ。わたしについて来い」などとなっている。

これはやはり、「お姉ちゃんはここにいちゃだめ」「大丈夫、あたしについて来て」くらいにしておきたい。あるいは、母親に向かって「あなたの言うとおりだ」。これも「ママの言うとおりよ」にしたい。意味は同じでも、表現の細部が違う。もちろん、彼らのやってくれた和訳は字幕づくりのためのたたき台なので、意味さえ正しければなんら問題はない。あとは字幕屋が加工すればいいだけだ。文句を言っては罰が当たる。

これまで何人もの「日本語に堪能な外国出身者」の和訳を見てきてわかってきたのは、「日本語の文章を書くうえで一番難しいのは性別や年齢や立場の違いを表す言葉の使い分けらしい」ということ。とりわけ敬語や女言葉は難題のようだ。同じ登場人物のせりふでもばらつきが見られる。

「どうかなさったの」と言っていた名門のたおやかな令嬢が、次のページでは「わたしが悪かった」とオスカル化していたりする。ときには屈強な山賊も「やめて！」と嬌声《きょうせい》を上げる。まあ、これはこれで読んでいて楽しい。映画自体がつまらない場合は、救いですらある。

二人称代名詞（英語ならyou）もくせものだ。日本語では前述のように「お姉ちゃん」や「ママ」などに言い換えないとおかしなことになるケースが少なくない。「あなた」という日本語は一見ポピュラーなようで、実際には妻が夫を呼ぶとき以外めったに使われていないのではないだろうか。もっとも、二十歳の息子が母親を「あんた」と呼ぶ例を身近に知ってはいるが。

ちなみに、この接続助詞「が」も意外と扱いづらいものらしい。丁寧な敬語で書かれたメール文のなかに、いきなり「その件は明日はっきりすると思うが」などと出てきて、ぎょっとすることがある。もしや怒っているのだろうかと一瞬焦るが、文面は「また改めてご連絡差し上げます」と滑らかに続いてほっとする。同時に、これだけきちんとした文章を書けるのになぜ「思いますが」とならないのだろうと首をひねる。「が」の前では丁寧語が吹っ飛ぶらしい。

げに言葉の習得は難しい。おそらく微妙な使い分けは経験でしか身につかないのだろう。テレビを見たり本を読んだり辞書を引いたり作文したり会話したり、ひたすらその言語にまみれることで母国語なみの力を獲得した人を心から尊敬する。わたしには、アンドロメダ星雲に行って帰ってくるより難しいことだ。まして、別の母国語を持ちながら日本語で詩や小説を書く人にいたっては、超人とお呼びしたい。彼らの文章は、ただ「ちゃんとした日本語が書ける」というレベルではない。読んでほれぼれする珠玉の作品なのだ。

もうひとつ、つねひごろ驚異的だと思っていることに、大相撲の外国人力士の日本語力がある。ただ自在にしゃべれるだけではない。発音やイントネーションまであきれるほど自然なのだ。先に記した「文化人」系の日本語達人たちは、総じて「外国人らしい」しゃべり方をするので、いくら流暢でも聞けばたいていそれとわかる。ところが力士たちには、そういう違和感がほとんどない。欧米出身力士はどうしても顔つきで異国の人とわかってしまうが、しゃべる声だけでは聞き分けがつかない。まして顔つきの似たアジア系の力士は、こちらに予備知識がないと日本で生まれ育った人かどうか判別できない。

あのみごとな習得ぶりはいったいどういうことなのか。

言語学では、人が生まれて数年の間に脳みそが母国語の発音に染まり、母音や子音の識別能力がほぼ確定する、という説があるらしい。だとすれば、われわれ日本語ネイティブにとってRとLの聞き分けが難しいのも当然だろうし、外国出身の達人たちが日本語をしゃべるときの微妙な違和感も納得できる。

しかし、では、おすもうさんたちは？　比較的若いころに相撲部屋に入って、現場で日本語にまみれるからだろうか。ただでさえ過酷な相撲部屋、机にかじりついて語学のお勉強などゆっくりやっている暇はなさそうだ。稽古や下働きや伝統的規律できりきり舞いといったところだろう。本来の母国語を全否定されたも同然の環境なのかもしれない。まさにサ

どうやったらそんなに日本語が上手に？
日本語にまみれることですかね

バイバルの世界。そうやってゼロから赤ん坊のように日本語を身につけていくのだろうか。

外国人力士の日本語習得プロセスというテーマでフィールドワークに励む言語学者がいたら、ぜひその研究成果を世に出してほしい。大いに興味がある。もっとも、それを自分も実践してみようなどとは今さら思っていないけれど。

と、書いていたら、この疑問そのものずばりを書名にした本がすでに出ていた。『外国人力士はなぜ日本語がうまいのか』(宮崎里司著、明治書院、二〇〇一年)。外国人力士のみならず、それをサポートする親方・おかみさん・兄弟子・床山さん・ご近所さんなどを丁寧にインタビュー調査し、その詳細と考察が書かれた本である。外国語習得のヒントが満載で、たいへんおもしろかった。興味のあるかたは、ご一読を。

疑問への答えをおおざっぱにまとめると、前述した推測がほぼ当たっていたことになる。つまり、とにかく日本語にまみれること。二十四時間三百六十五日、寝ても覚めても日本語づくし。いわば日本語漬けである。著者は「漬け浸し」という、さらにこってりした表現を繰り返し使っている。「ちゃんこの味が染みるまで」と。

やっぱり、そうか。

推測が当たったのはいいのだが、英会話恐怖症のわたしをさらにあきらめの境地へ追い込む話も書いてあった。外国人力士は日本語習得に際して、ほとんど辞書を使わないらしいのだ。日本語教育が専門の著者も、このことを肯定的に見ている。むやみに辞書を引くと、わからない言葉を文脈から推測する訓練にならないので、必ずしもいいことではない、と。

なるほど納得。

しかし、仕事で英文読解をやる以上、知らない単語を推測で処理するわけにいかない。少しでも不安な単語はむやみやたらと辞書を引いて確かめるのが職業倫理。やはり、わたしの英語力向上は望めないのだった。

”おしゃべりなメール文“

さて翻って、日本語を母国語として育ったわれわれ一般大衆の実態はどうか。活字離れや文章力の低下が問題視されて久しい。その一方で、「いや、最近はインターネットの普及で、ものを書く人が格段に増えた」ともいわれている。手紙は年に一通も書かず郵便といえばせいぜい年賀状だけという人の多くも、メールは毎日せっせと書いている。一日に何十通、何百通とメールのやりとりをするケースも珍しくないらしい。電車の七人掛けシートに座ったほぼ全員が同じ姿勢で携帯電話とにらめっこし、長々とメールを打っている光景はいささか異様だ。ブログなどで不特定多数に向けて文章を発信する人も増えた。

それだけ日常的に文章を書いていたら、それなりに上達するのがふつうだと思うのだが、いかんせん……。

文法破綻・意味不明・内容お粗末の垂れ流し的メール文をよく見かけて辟易する。あのすさまじさ、どうにかならないものか。せめて送信前に一度くらいは自分が書いた文章を読み直してほしい。たとえば、こんな文面。


電話したら出なくてメールしてから　Aちゃんにも最近出なくてとかまたいろいろいってるときにかかってきていつ電話したって　昨日って言って忙しいかなと思ってメールしたっていったら読んだ読んだ　ずっとかけようと思ってAにもいわれてたしって　こっちもまあいいんだけど　やっぱり声聞きたくてともいってた

いささか極端な例ではあるが、このようなメールは実在する。

ただし、実例をそのまま引用すると後々問題が生じ、ひいては友達をなくしかねないので、実例を参考にしつつ創作した。これには疲れ果てた。まねて書こうとしても簡単には書けないのだ。初めて気づく新事実。破綻文体は、ある意味で超絶技巧かもしれない。凡庸な常識人には、そうそうまねできることではない。まったく恐れ入る。

卑屈で皮肉な謙譲はさておき、右の文例でわかることがいくつかある。

まずひとつは、垂れ流し的メール文は「おしゃべり」だということだ。いわゆる書き言葉（文章）ではない。友達にしゃべる言葉そのままを単に文字化しているだけ。これが破綻の原因のひとつだろう。音声として発せられる普段のおしゃべりなら、間《ま》や抑揚で了解できることも、平板な文字の羅列からは読みとりにくい。書き手の性格や人間関係をある程度知っている友人だからこそ、なんとか解読できるのだが、やはりもう少し配慮がほしい。文がいつまでも完結せず、芋づる式に話がつづくのも口語の特徴だ。

さらに、句読点を使わず適宜スペースと改行で区切りを表す、メール文にありがちな方法が、わかりにくさに追い打ちをかける（この「スペースと改行方式」は字幕の特徴でもあるので、あまりくさしたくないのだが）。

もうひとつの顕著な傾向は、伝聞表現が文章として破綻しやすいらしいということだ。だれがだれにいつ言ったことなのか、さっぱりわからないメール文は多い。伝聞なのかメールを書いている本人の今現在の心境なのかさえ判然としない。

Bちゃんは　どうでもいいんだけど　明日になってみないとわからないし　どうしようかなって

これでは、Bちゃんが「どうでもいい」と言ったのか、書き手にとってBちゃんのことはどうでもいいのか、わからない。「どうしようかな」とBちゃんが言ったのか、書き手が今そう思っているのか、これもわかりにくい。

メールを打つ、という言い方をよくするが、まさに至言だろう。

そう、彼らは「書いて」などいない。「打って」いるだけなのだ。下手な鉄砲も数うちゃ当たる、というが、これではいくら打っても文章力向上など望めまい。細かなニュアンスや気分は、文章よりも絵文字や顔文字、「(笑)」などで表現するのだから。

かくいうわたしも、携帯メールの絵文字は画面がカラフルになって楽しいので、たまに使っている。記号をうまく組み合わせた顔文字もけっして嫌いではない。上品でシンプルで絶妙な「顔」には、思わず「座布団三枚！」と叫びたくなる。たとえば(・J・)。なんだか素朴でかわいい。

しかし、「(笑)」だけはどうしても好きになれない。少なくとも自分では絶対に使わない。あまりに安易だし、笑いを強要されているようで、うんざりする。「ここ、笑うとこなんですけどー」と芸のない芸人がギャグのつもりで言い募っているようだ。だいたい、「(笑)」がくっついている文章がおもしろかったためしはない。ほんとうにおもしろい文章は、そんなもの不要なのだ。実際、毎日でもメールしてほしいと思うような爆笑名文家の友人知人は、申し合わせたように「(笑)」を一切使わない。

個人的な好悪の問題にすぎないかもしれないが、「(笑)」の有無は文章力のバロメーターのひとつなのではないかと密かに思っている。

”句読点の苦闘“

絵文字や顔文字や「(笑)」に、いちゃもんをつけてしまったが、その一方で、まあそんなにカリカリせず、とにかくよりよく気持ちや意図が伝わりさえすれば、なんでもありでいいのではなかろうか、という気もしている。

従来の規範に縛られることはない。もちろん、なにごとにも一定のルールや基準は必要だろうが、時の流れに沿ってじわじわと変化していけばいいのだ。規範や伝統といったところで、その歴史をたどれば、案外ごく近年に形成されたものだったりするのだし。

たとえば、句読点。

映画の字幕では伝統的に句読点を使わないので、かえって気になる存在だった。思えば短歌や俳句でも句読点はふつう使わない。新聞の見出しも、「、」はたまにあるけれど「。」はない。楽曲の歌詞カードも同様。どれもわずかな字数で凝縮した表現をするせいだろうか。

しかし、それは単なる共通点にすぎない。そもそも現在のような「。」「、」はいつごろ出現したのか。そういえば江戸時代以前の古文書に句読点を見た記憶はない。明治以降のことに思われる。いろいろ探るうち、長年句読点を研究している大類雅敏さんという人の著書に出会った。その名も『句読点おもしろ事典』（一光社、一九八八年）。それによると、

一、慶長年間（一五九六〜一六一五年）に出た『日本書紀』で、日本で初めて「。」「、」が用いられたらしい。

二、明治二十年（一八八七年）、日本国内初の句読点に関する本『国文句読考』（権田直助著）が出た。

三、明治三十九年（一九〇六年）、文部省図書課が「句読法案」を提出。

このような流れになるらしい。

もちろん法案が出たからといって、すぐに世間一般がそれにならうはずもない。長い間の試行錯誤が続く。はるか戦後になってから、明治の句読法案を骨子《こっし》とした「くぎり符号の使ひ方（句読点法案）」（文部省教科書局調査課国語調査室、一九四六年）が示されたほどだ。

句読点が一般化する以前は、改行や一字空けで文の区切りを表すことが多かったらしい。これはまさに現在の映画字幕作法そのもの。字幕では「。」に当たる部分を一字分空け、「、」は半字分空ける。そして文の区切りのいいところで改行する。たとえば……、

待って　あなたのために
ここまで来たのよ
それは　わかるが
お前だって間違ってる

明日学校に行くよ
仕事がなければね

スペースと改行で読みやすいように構成されているのがおわかりいただけるだろうか。特に改行位置は重要だ。もしこれを「一行十字詰め」にしてしまったら……、

待って　あなたのため
にここまで来たのよ
それは　わかるがお前
だって間違ってる
明日学校に行くよ　仕
事がなければね

となって、いささか読みづらい。もっとも、スクリーンの右端に縦書きで出す字幕はこの「一行十字詰め」が基本なのだが、いまはスクリーンの下部に出す横書きが主流になっている。この横書きの場合は区切りのいいところで改行する。

それにしても、映画字幕の「適宜スペース・句読点なし」が前近代的作法だったとは！　字幕原稿を候文にしたくなってくる。

だが早まってはいけない。実は、時代の最先端といえなくもないのだ。若い人たちの間で顕著だが、メールなどの文面から句読点が消えつつある。その代わりを務めているのが、スペース（一字空け）や絵文字・顔文字、あるいは♪や☆などの「カワイイ」マーク。「!」や「?」の多用も目立つ。

もちろん彼らも学校の作文やテストではお行儀よく句読点を使っているのだろうが、私的な文面は概して賑やかだ。いささか騒々しい。もっと意地の悪い言い方をすれば、異様に媚《こび》を売っているようにも見える。

しかし、こうした飾りの多い文面に慣れてしまうと、句読点だけ使ったふつうの文章は平板で冷たい感じがするのだそうだ。もはや遊びというより強迫観念なのかもしれない。あるいは彼らなりの礼儀作法か。いろいろ気苦労が多くてたいへんである。

さて、映画の字幕に句読点がないのはなぜなのだろう。ずいぶん前、わたしがまだ字幕屋として駆け出しのころに、字幕制作会社の人からこう聞いた記憶がある。

「句点（。）は小さくてつぶれやすいし、へたをするとフィルムに穴があきかねない」

確かに字幕文字の原版は小さい。スクリーンに投影すれば巨大だが、もともとの映画フィルムは幅三十五ミリ、その隅っこに刻印する字幕の一文字は一ミリあるかないかだ。

まして「。」や「、」など極小である。フィルムの表面を削るようなかたちで文字を刻む方法では、うっかりすると「。」の中の白い部分がぽろりと抜け落ちて穴があいてしまうかもしれない。いかにもありそうなことである。つまり、字幕に句読点がないのは技術的な問題なのだ、と最近まで信じていた。ところが……。

念のため先日、字幕制作の現場で働く人に確認してみたところ、

「いえ、句読点を入れようと思えば入れられますよ」

と意外な回答。拍子抜けして、いすから転げ落ちそうになった。

わたしのあの記憶はいったい何だったのだろう。謎だ。

句読点をフィルムに刻印することは、昔も今も技術的には可能だという。さらにいわく、

「なぜ句読点を使わないか？　さあ、二十年以上この仕事やってますけど、そんなこと考えたことありませんねえ。ただそういうもんだと思ってました」

そんなにあっさり言わないでほしい。二十年前からこの仕事をやっているのなら、当初は字幕黎明期を知る長老がまだ存命だったかもしれないではないか。そのときに聞いといてよ、と今さらごねてもむなしい。おかげでますます謎は深まった。

ここからは勝手な推理になる。

推理その一、「初めて日本語で映画字幕をつくった人が、ふだん句読点を使う習慣がなかったからではないか」。

本邦初字幕は、すでに書いたように昭和六（一九三一）年日本公開の米国映画『モロッコ』。当時はまだ日本で字幕を入れることができず、田村幸彦さんという人がわざわざ米国に渡り大変な苦労をして、初めての日本語字幕をつくりあげた。

こうした字幕史は、田村さんの「後輩」にあたり、われわれが「字幕の父」と仰ぐ清水俊二さんの著作で知ることができる。清水さんはこう書いている。「私たちはい

までも田村さんが決めた日本語スーパー字幕のつくり方にしたがって字幕をつくっている」(『映画字幕《スーパー》の作り方教えます』文春文庫、一九八八年)

この清水さんは明治三十九(一九〇六)年生まれ。「先輩」の田村さんの生年は不明だが、先輩というからには明治三十九年より前にちがいない。そこで思い出してほしい。文部省図書課が「句読法案」を提出したのは、明治三十九年。そのころ子ども時代を過ごしたであろう田村さんが、現在のような句読点を日常的に使っていたかどうか……。

とはいえ、反証もある。わたしの実家に、大正時代に出版された夏目漱石全集があるのだが、それは現在のような句読点がきっちり使われている。漱石の生原稿の写真もあって、そこにも句読点はある。漱石が生きていたのは、一八六七〜一九一六年。ううむ、どう考えたらいいのかわからなくなってくる。

推理その二、「本邦初字幕がつくられたころは、現在ほど句読点の基準が確定しておらず、見た目にわずらわしいだけなので省略したのではないか」。

教科書や小説などでは明治時代から句読点が使われていたが、新聞や公文書・法令で句点「。」が使われるようになったのは、戦後らしい(読点「、」は使われていた)。

この情報は、朝日新聞のコラム「ことば談話室」(二〇〇五年七月二十四日)による。

朝日新聞が句点(。)を全面的に使うようになったのは、なんと一九五〇年のことだとか。これには驚いた。それまでは、「文の終わりは読点(、)か何も付けずに改行していた」そうだ。コラムの筆者はさらにこう書く。「限られた紙面の中に、なるべく多くの情報を盛り込みたい。句点の省略は、そうした意識の表れともいえる」

ここで字幕屋、わが意を得たりと膝をたたく。

「限られた紙面の中に、なるべく多くの情報を」

これを少し言い換えると、まさに字幕の心得になる。すなわち、

「限られた字数(せりふの秒数)の中に、なるべく多くの情報を」

”そんなに叫んでどうするの〜「！」の話“

わたしが字幕の手ほどきを受けた恩人の教えのなかで、印象深いもののひとつに、「もともと日本語の文章に『？』や『！』などなかった」というのがある。「だからむやみやたらと字幕原稿に『？』や『！』を使うな。見た目にうるさいだけだ」

これにはなるほどと思い、共感した。

字幕はできるだけ省スペースですっきりしているのが望ましいということもあり、「？」や「！」の使用は控えめに、というのが長年の私的方針だ。

とはいえ、限りなく現代口語に近い表現をめざす字幕で、「？」をまったく使わないわけにはいかない。「明日は忙しいですか」とか「お酒は好きですか」といった書き言葉や折り目正しい会話なら「？」は不要だ。「ですか」で疑問文だとわかる。しかし口語は、語尾をあげて疑問を表現することが多い。「明日は忙しい?」「お酒は好き?」など。ここに語尾上げを示す「?」がないと疑問文であることがわからなくなる。こういうときの「?」は必須だ。

登場人物の上下関係がはっきりしている場合は字幕も敬語にすべきなので、「ですか」や「ますか」を用いることになる。しかしこれは字数を食うのでたいへんつらい。なるべく字数を減らそうと、「明日はお暇?」「お酒はお好き?」などと書いたりする。この場合も「?」を省略して「明日はお暇」「お酒はお好き」と書いたのでは、疑問文にならない。

「ですか・ますか」や「?」がなくても疑問文だとわかってもらえるのは、疑問詞を含む文章だ。「なぜ黙ってた」「どこへ行く」「何をしてる」「いつ来る」「どうやって逃げる」。こうした文章に「?」は要らない。要らないものは、なるべくつけたくない。

しかし、絶対につけないぞ! と徹底抗戦していられないのが字幕屋の哀しさ。すべては、発注元の会社や担当者の好み・方針によって違ってくる。

疑問文にはすべて「?」をつけるべし、という会社もある。できるだけつけるな、という会社もある。「要らないものはつけたくない」という立場上、後者に肩入れしたいところだが、後者は後者でいささか極端なので困る。

会話では、疑問詞一語のみというケースが少なくない。「なぜ?」「いつ?」など。こういう場合にまで「?」がないと、どうにもおさまりが悪いというか、見た目にバランスを欠く。「なぜ」「いつ」「どこ」……これら二文字だけがスクリーンにぽんと出てくると何となく変な感じがしてしまう。いずれにしても、こちらが先方の方針に逆らったところでどうせ訂正されてしまうのだから、明日をも知れぬ下請けフリーランスの身としては、相手の好みを覚えて最初からそれに従うほうが賢明というものだ。

とはいえ、どうしてもせりふの雰囲気に合わず、字面として収まりが悪いことはある。温厚そうな紳士が自問するかのように静かに「なぜ」と言うのは悪くない。しかし厚化粧の騒々しいおばさんが目を三角にして激しく問うときは「なぜ?」にしたい。

些細なこだわりなのだが、こういうときは密かに逆らってみる。「『?』は可能な限り排除」という敵の方針を知っていながら「?」をつけてみるのだ。敵も生身の人間なので、うっかり見落としたり、その日の気分で「ま、これはいいか」なんてことになったりするかもしれない。

実際、意外となるのだ。ゲリラ戦術である。

ともあれ、「?」については、ことさら目くじらを立てるほどのことはない。すべての疑問文に「?」がついていたとしても、しょせん数に限りがあるのでかわいらしいものである。

ところが「!」となると事情が異なってくる。疑問文限定の「?」とちがって、「!」をつけるか否かは書き手の裁量に委ねられるから、かえって厄介なのだ。極端な話、すべての文に「!」をつけても文法的に誤りではない。そして現実に「!」は、これでもかというほど世の中に氾濫している。「!」では飽きたらず「!!」や「!?」も乱れ咲きの花盛り。

どうしてそんなに力を込めて叫びたいのだろう。

映画の字幕でも「!」は昔より増えた気がする。確かに登場人物が絶叫しているときは「!」がないと、なんとなく間の抜けた印象になる。

激高した若者が相手に襲いかかりながら「この野郎!」と叫ぶとき、「この野郎」だけではなんだか力がこもらない。やはり末尾に「!」がほしい。とはいえ乱闘シーンなどの場合、たいてい全員がそのシーンのあいだじゅう叫んでいる。

「きさま！」「ふざけんな！」「おい！　やめろ！」「何しやがる！」「ジャック！　落ち着け！」「ヤバいぞ！　ズラかれ！」「待て！　この野郎！」「くそ！　覚えてやがれ！」「早く！」……実にうるさい。

音声もうるさいが、「！」もうるさい。九つのせりふに「！」が十四個もある。わたしなら六個くらいでおさめるところだが、おそらくいまの主流は十個以上だろう。どちらがいいかはわからない。好み・感覚の問題に過ぎない。

ただ、少数派の立場からいわせてもらうと、「！」の多用は、大声で叫んでひたすら主張していないと不安な現代の心性を反映しているように感じる。

私的なメールや漫画などでも「！」の多さは気になるが、日常で最も目につくのがテレビの番組表だ。どうにも気になってしかたがないので、番組表のなかの「！」「!!」「!?」を数えてみた（暇なのか？）。

統計サンプルは、新聞（全国紙朝刊）に掲載されたテレビ番組表。これを一週間にわたって大調査（二〇〇六年二月下旬・関東圏）。お行儀のよいNHKは格段に少ないので例外とし、地上波民放五局を対象とした。七日間、毎日毎日、赤ペン片手にわれながらよくやるよ、と思いつつ、意外とこういうことは意地になってやってしまう執拗な性格なのだった。

さて、いくつあっただろうか。

五局一週間の「！」「!!」「!?」トータルは三百二十五個。一日平均四十六・四個、一局につき九・三個。やはり「！」がダントツに多く七割を占めるが、「!!」や「!?」もその騒々しさにおいて負けていない。なにしろ一字分のスペースに記号がふたつ凝縮されているのだから、効果の点で倍のパワーを発揮する。パワーなどと言えば聞こえはいいが、要するにうるさい。印刷物なので音が聞こえてくるわけではないが、じゃまくさい。

もちろん、番組表はふつうの記事（文章）ではない。むしろ宣伝コピーに近い。お客さんをより多く呼び込むことが最大にして唯一

の目的だ。世間の注目を集めるためなら、声をからして叫びたくもなる。「!!」や「!?」で、「なんだかすごいことになってますよ。見なきゃソンですよ」と訴えるわけだ。気持ちはわかるが、押しつけがましい。

声のでかいやつが正しいわけでも優れているわけでもあるまい。ナントカほどよく吠えるというではないか。瞬間的に目立ちはしても、中身がなければすぐに飽きられる。テレビコマーシャルも、商品名の連呼や大音響だけでは、その芸のなさと下品さで消費者にそっぽを向かれるのがおちだ。だいたい、目立つために叫んでも、まわりのみんなが叫んでいたら意味がない。ただのうるさいひとかたまりである。それとも、まわりがみんな叫んでいるから、自分もいっしょになって叫ばないと不安なのだろうか。かくて一億総ヒノタマ、みんなで叫べば怖くない!? おっと、「!?」を使ってしまった。

テレビ番組表の統計をとりながら気づいたのは、番組のその回の説明（惹句）もさることながら、番組名そのものに「!」「!!」「!?」が多いということだ。「踊る!さんま御殿!!」「HEY!HEY!HEY!」「ウチくる!?」。さらに「ザ!鉄腕!DASH!!」。ふだんはなんの気なしに見過ごしているが、いざ自分で書いてみるとクラクラする。

いや、具体例として挙げたこれらの番組がよくないといっているわけではない。実は、ものすごく暇なときなどけっこう楽しんで見ていたりする。

いまは番組名くらいでおさまっているが、そのうち芸名や筆名やグループ名にも「!」や「?」や「!!」や「!?」が現れてくるのではないだろうか。ロックバンド「YO!YO!YO!」とか、女優「桜大根!?」とか、芥川賞作家「大和!魂!!」とか、レストラン「メシクッタ?」……。あまり聴きたくないし見たくないし読みたくないし食べたくない。

個人の好みはさておき、インタビューや対談の採録などたいへんだろう。

「文学以外に大和!さんのご趣味は?」

「ロックが好きで最近はYO!YO!YO!なんかよく聴きますね。あと芝居かな。昨日も桜大根!?主演の激闘!千駄ヶ谷!!を観てきました。帰りに作家仲間の伊羅!!さんとメシクッタ?でメシ食ってね(笑)」

……やっぱり読みたくない。

すでにグループ名や題名に「。」がくっついている例は珍しくない。これがまた難儀だ。いちいちカッコでくくらないと文章が破綻する。「世間を賑わしてやまないモーニング娘。はこのたび新たなるプロジェクトを展開しました」。「はこのたび」とは何か。「箱の旅」？　誤読を避けるためグループ名はぜひカッコでくくっていただきたいが、そうするとまた文面が騒々しくなる。カッコ（「」『』［］（）《》【】）の多用もうるさいのだ。

この項でもやたらと使ってしまった。反省。

”ルビと混ぜ書き“

読み方のわからない漢字にはルビ（ふりがな）がほしい。これは多くの人にとっての素朴な気持ちではないだろうか。

わたしは発作的に読書中の書物を朗読するくせがある。「声に出して読みたい日本語」的な発想ではない。職業柄および性格上、自宅に引きこもりがちなので、だれともしゃべらないまま数日が経過することがよくあり、そこへ急に仕事の電話がかかってくると舌がうまく回らない。ふだん独り言をぼそぼそいうだけでは滑舌のリハビリにならないので、やおら本を開いて腹から声を出し、舌の回りをよくすべく朗読とあいなる。

これがけっこう楽しい。

体調のいいときは戯曲がお薦め。すっくと立って『ハムレット』などを芝居気たっぷりに朗読すれば気分爽快、軽い運動にもなる。大嫌いなカラオケの、自己流代替行為といったところか。

ところがこの自己陶酔パフォーマンスに水を差すのが「読めない漢字」だ。せっかく気持ちよく朗読しているのに読めない漢字が出てくると、そこでつまずいてしまって興醒めする。聴衆はいないのだから適当にごまかせばよさそうなものだが、それでは自己陶酔にならない。現代小説に難読漢字はそれほど出てこないし、単独では読めなくても前後の文脈でだいたいわかるのだが、読み方不明の漢字がゼロというわけにはいかない。記憶に新しいところでは、「蹲る」が読めなかった（答えは「うずくまる」）。

その漢字を読めるか読めないか、これは個人差が大きいだろう。義務教育システムがそれなりに機能している戦後の日本では、大多数の人が一定の読み書き能力を身につけているはずだが、いわゆる教養という点では総体にジリ貧傾向にあるような気がする。つまり、読めない漢字が増えてきている。これは字幕屋にとって大問題だ。

書物を読んでいるときに読めない漢字が出てきたら辞書を引いたり人に聞いたりで

きるが、映画館ではそうもいかない。映画字幕に読めない漢字が出てきた場合、読めない観客が悪いのではなく、読めない漢字を出してしまった字幕屋が悪い、ということに世間ではなっている。できるだけ悪者にされたくないので、九割方の観客がほぼ問題なく読めるであろう漢字だけを使おうと日々知恵を絞る。

世間の「教養ジリ貧」に積極的に荷担しているようで悩ましいのだが、観客は映画館に映画を見に来ているのであって、字幕を読みに来ているわけではない。まして「お勉強」をしに来ているわけでもない。従って字幕屋は、世の中の平均的な漢字能力レベルに配慮しながら原稿を書かざるを得ない。その基準となるのが、お上の定める「常用漢字」だ。その数、約二千。小学校で学ぶ教育漢字はその半分の約千字。思えばけっこうな数である。

英語などのローマ字はわずか二十六字。ロシア語のアルファベットは三十三字。かたや日本語はひらがなだけでもそれより多い。ついでにカタカナで倍増。おまけに、いたいけな小学生に対し漢字千字を覚えろという。まるで桁違いだ。もしかするとわたしたちは「頭いいんだぞー、えっへん」と、世界に向かって威張っていいのかもしれない。

昭和四年生まれの母に聞いて初めて知ったのだが、戦前まではたいていの本や新聞が総ルビだったらしい。つまりすべての漢字にふりがながふられていた。戦後になって急にふりがなが消えたので、妙な心持ちがしたそうだ。さらに古い例だが、大正八年から刊行された夏目漱石全集も総ルビになっている。ただし漢数字にだけはルビがない。「もう一遍《ぺん》」など。まだ読み書きのできない人も多く、大衆の教育水準が総体に低かった明治以来の、国策的配慮だろうか。

やたらにルビがくっついていると見た目にわずらわしいのだが、行間を十分に空ければそれほどでもない。右記の漱石全集などは行間たっぷりで、むしろ朗読意欲をそそる。

限られた時空間しかない映画字幕では、なるべくルビ排除でいきたいが、紙面や画面のレイアウトしだいでは総ルビも許せる気がしてくる。なにしろ世の中には、もっと許し難い恐るべき敵が跋扈しているのだ（あ、「跋扈」にルビふりますか?）。

常用漢字外だから「比喩」にルビをふりましょう、と言われたときは愕然とした。そのくらい読めそうなものだ。しかし、「比ゆ」と書かれるよりは、ふりがなをふるほうがましに思える。新聞記事やテレビニュースのテロップなどでよく見かける「混ぜ書き」に眉をひそめている人は多いのではないだろうか。

そう、許し難い敵とは、この混ぜ書きのことだ。

「だ捕」「誘かい」「ばん回」「危ぐ」「そ上」「じゅ文」「真し」……。

なんですか、これは。

ほとんど冒瀆《ぼうとく》的ですらある（「冒とく的」と書くべきか？）。

混ぜご飯は好きだが、混ぜ書きはどうにも食えない。

例えば、新聞の見出しによくある「漁船だ捕される」。これでは、まず「漁船だ」と読んでしまう。そして次の「捕される」で、あれ？　ほされる？　と思い、一拍おいて「ああ、拿捕ね」と理解する。何度でも見直せる印刷物なら、百歩譲ってそれでもかまわないが、字幕はパッと出てサッと消える瞬間芸。「あれ？」という一瞬の困惑が致命的なのだ。

けれども「拿捕」では、きっと「読めません。常用漢字外です」と言われるにちがいない。しかたがないので、泣く泣く「拿」に「だ」とふりがなをふる。あるいは、「骨とうにはまっています」を「骨とウニは待っています」と読む人も……あまりいないかもしれないが、絶対いないとは言い切れない。

こうした誤読の招きやすさもさることながら、混ぜ書きの最大の罪は、ひらがなに置き換えることで漢字それ自体が持つ意味を完全に消し去ってしまうことではないだろうか。漢字で書かれていれば、たとえ正確に読めなくても意味やイメージはつかめることがよくある。「操だ」では何のことやらさっぱりわからないし「みさおだ」とさえ読んでしまいかねないが、「操舵」と書いてあれば「舵」を「だ」と読めなくても、船の舵を操ることだとわかる。「かき色」では、「牡蠣」や「垣」も浮かんでしまうが、「柿色」ならどんな色か瞬時にわかる。「ささめ雪」と書くよりも「細雪」のほうがイメージしやすい。

常用漢字に縛られると、妙な表記になって読みづらいだけでなく、文字数も増えてしまい、字幕屋にとっては二重苦だ。いつも一文字や二文字の増減をめぐって胃の痛くなるような思いをしているのに、「これは立派な学者や知識人の先生方が知恵を絞って取り決めてくださった、ありがたい基準ですから」と言われても、はいそうですかと素直にありがたがる気になれない。義務教育課程で教える漢字の範囲を定めるのはけっこうだが、社会全体の基準にまでしないでほしい。こうした基準からは遥かに自由な小説などの出版物が、つくづくうらやましい。

常用漢字表に忠実な会社から仕事がきた場合、字幕屋が最も恐れおののく言葉に「わたし」がある。「わたし」を「私」とは書けないのだ。

「私」の正しい訓読みは「わたくし」であって「わたし」ではない。

しかし、日常会話で「わたくしは〜」と言う人は今どきまれだろう。個人的な手紙やメールでも「私は」と書けば、たいていの人が「わたしは」と読むはずだ。字幕も同様。むしろ、お上品な上流夫人が登場して「私、お紅茶をいただくわ」などと言うときにこそ、「私」に「わたくし」とふりがなをふりたい。以前、修道院が舞台の映画を翻訳したときは、この縛りを逆手にとり、「シスターも神父も全員、『わたくし』と言っているのです」と強弁して字幕原稿に「私」と書きまくった。たいへん気分がよかった。

「わたし」という語は、字幕における最多使用語のひとつと見てまちがいない。「私」一文字ですむところを三倍の三文字にしろというのは、あんまりだ。泣きたくなる。

飲んだくれながらそんなことを字幕屋仲間でぐちり合っていたとき、あるベテラン同業者がずばり言ってのけた。

「『私』という字は概念であって、どう読むかは大した問題ではない。要するに、英語で『I（アイ）』に相当する語だと観客に伝わりさえすればいい。読み方が『わたし』か『わたくし』かなんてこだわるほうがおかしい」

パチパチパチ。わたしは心の中で喝采の嵐を送った。

正確に読めなくても意味さえ伝わればいい言葉がある。

たとえば、映画館や美術館の窓口にある料金表の「大人・小人」。「大人」は「おとな」でいいのかもしれないが、「小人」は？「しょうじん」？「こども」？「こびと」!? 切符を買うときは、「こども一枚」などと言う。ならば表示も「子ども（子供・こども）」でよさそうなものだ。

ちなみに、われわれが神経を尖らせる用語コードで「こびと」は、差別的だとして避ける傾向にある。『白雪姫と七人の小人』は、実はヤバいのだ。おちおちメルヘンの世界にも遊んでいられない。

“ざる知識のススメ”

ざる蕎麦やざる豆腐が好きだからというわけではないのだが、日々勝手に「ざる知識」を推奨している。

ざる知識とは何か？　ざるで水をすくうがごとく、頭に入れても入れてもすぐに忘れてしまう、いい加減な知識のことである。そんなものを推奨してどうするのか。要は、「あきらめずに、すくい続ける」ということ。記憶力抜群の方々には無用の手法にちがいない。

わたしは、記憶力のなさには自信があるので、ざるを手に立ち向かう。いくらこぼれ落ちても、むなしいと絶望してざるをほうり投げてはいけない。たゆまずすくい続ければ、わずかながら水滴は残る。水滴も積もれば、山にはならないが、少しくらい頭が潤う。

映画の字幕翻訳をやっていると、さまざまな世界に接する。先週は香港、今週はニューヨーク、来週はシベリア。映画の舞台そのものが世界中のあちこちにめまぐるしく変わる。ときには宇宙空間にも足をのばし、銀河系の外にまで遠征する。

空間だけではない。時間もあちこちへ飛びまくる。先週は現代、今週は十九世紀、来週は紀元前。未来や死後にもしょっちゅうおじゃまする。

さらに、映画によってはさまざまな分野の知識が必要となる。政治、歴史、法律、宗教、医学、金融、物理、化学、数学……。書きながらだんだん背筋が寒くなってくる。わたしは理数系がまったくだめなのだ。小学校低学年レベルといってもいい。

字幕翻訳に際して要求される知識は、堅いものばかりではない。麻薬、ダンス、音楽、銃器、スポーツ、黒魔術、マスコミ、料理、酒……挙げればきりがないが、とにかく映画の世界は何でもござれだ。

これらすべての専門知識を頭に蓄えておくのは、かのファウスト博士でも無理だろう。しかし、いったん翻訳を引き受けてしまった以上、「このジャンルは苦手なので、やっぱりやめます」とは言えない。言っても命まではとられないが、字幕屋生命は確実に縮む。

　ではどうするか。

　知らないことは必要に応じてそのつど調べる。これしかない。一作品の翻訳期間は一週間ほどしかないので、超特急リサーチである。世間ではこれを泥縄、または付け焼き刃という。

　ジャッキー・チェン主演の『THE MYTH／神話』（二〇〇五年・香港）では、始皇帝についてあれこれ調べ、ちょうどテレビで地下宮殿についての番組をやっていたのでメモを取りながら見た。『深く静かに潜航せよ』（一九五八年・米）では、潜水艦の構造や乗組員の言葉遣いを知るため、関連本を数冊読みあさった。原作の訳書を見つけたときは小躍りして喜び、これで勝ったも同然とばかり意気揚々と買って帰ったのだが、小説と映画とではストーリーがまったくちがっていて、がっくりきた。セコいことはできないものだ。

『ロンゲスト・ヤード』（二〇〇五年・米）では、アメリカンフットボールの基本的ルールさえ知らなかったので、簡単なルールブックと専門雑誌を買い、ついでに人気アメフト漫画『アイシールド21』を五巻まで買って読みふけった。漫画は好きなので、没頭しすぎて本来の目的を忘れるとまずいと思い、六巻目以降は我慢した。『コンタクト』（一九九七年・米）では、宇宙物理学に冷や汗を流し、『ヒトラー 最期の12日間』（二〇〇四年・ドイツ）では、分厚いナチス関連本を三冊。『プール』（二〇〇二年・米）では、水泳の競技区分と平均的タイムをインターネットで調査。『ライフ・イズ・ミラクル』（二〇〇四年・フランス／セルビア＝モンテネグロ）では、ボスニア紛争の概要把握……。

こうして、さまざまなジャンルで調べてきたことがすべて頭に残っていれば、それこそファウストそこのけの博覧強記、大学者も夢ではない。だが悲しいかな、仕事が終われば、調べて頭に入れたはずの情報は忘却の彼方。どしどし忘れる。まさに、ざるなのだ。

とはいえ、それほど悲観していないし、サルでもする反省さえしない。凡人の脳みそなど、その程度のものだろう、と開き直ってへらへらしている。特別に上等な脳みそを授かった人は、その能力を遺憾なく発揮して偉大な仕事をし、人類に大いに貢献していただきたいが、そういう人はごくひと握りだ。われわれがじたばたしても始まらない。

世の中のあらゆることに深く広く通じるのは、しょせん無理なのだから、他人が知っていることを自分が知らなくても、なんら恥じることはない。知りたくなったときに知りたいことを調べればいいだけだ。どうせ忘れるからとか面倒くさいからといって、あきらめてしまうのはよくない。もっとよくないのは、知らないのに見栄を張って知ったかぶりをすること。

そして、なによりよくないのは、自分がたまたま詳しいジャンルについて、他人の無知をさも非常識だというように冷笑することだ。

「えー、そんなことも知らないの？　信じらんなーい！」

と下品に大口を開けてけらけら笑う輩のなんと多いことか。

黙れ、愚か者。「信じらんない」のは、あんたの、その態度だ。

いくら笑われてもくじけてはいけない。そのときに必要な知識の水を必要なだけ汲みに出かければいい。重いタンクはいらない。ざるを片手に軽やかに、いざ。

たとえば、シリア映画に字幕をつけることになったとしよう。シリア映画など、いままで見たこともない。それどころかシリアという国について、ほとんど知らない。確か中東のどこかだったような気がする……。こんな頼りない状態でも、仕事となれば引き受けてしまう。

さて、どうすれば無事にやりおおせるのか。字幕屋の行動・思考パターンを見てみよう。

まず、映画の内容へ踏み込む前に、サルでもわかる基礎知識を仕込まねばならない。そこで、「シリアを知りや」などという寒いオヤジギャグをつぶやきながら、世界地図帳に手を伸ばす。シリアが地球上のどこにあるのか、位置を確認しないことには始まらない。

ふむ、トルコとイラクとヨルダンとイスラエルとレバノンのお隣さんか。そういえば最近、レバノン絡みで新聞記事を読んだ気がする。国土は思ったより広い。首都はダマスカス。ああ、ここがかの有名なゴラン高原か。これでイスラエルと揉めていたはず。地中海に面しているのに、海辺の平野部にあまり大都市がないのはなぜだろう……などなど、ひとしきり地図を凝視する。

こんどは「要覧（アジア）」のページを開く。シリア国旗は、上から赤白黒の三色で、真ん中の白地に緑色の星がふたつ横に並んでいる。国名「シリア・アラブ共和国」。主要言語はアラビア語、通貨単位はシリア・ポンド。この通貨単位は重要だ。

現地ではわかりきっている事柄なので、日常会話で省略されることが多い。映画のせりふでも同様。

しかし字幕で、「これ、いくら?」「三千」では、なんだか落ち着かない。やはり最初のうちは「三千ポンド」と書きたい。さて、ポンドとくれば下部単位もあるはずだ。要覧には載っていないので、古い『世界旅行案内』の「アフリカ・中近東、アジア・大洋州」編を本棚から引っぱり出す。シリアのページを開くと……、はい、出ました。一シリア・ポンドは百ピアストル。しかし、あまりに古い本なので(一九七七年発行)、新しい英和辞典で「ピアストル」を引いて、まだ現役なのを確認する。ついでに別のデータ・ブックで大ざっぱな歴史を読み、気候や民族・宗教比率などにも目を通す。

最低限の基礎知識としては、こんなものだろう。こんなものでは甘いかもしれないが、なにしろ時間がないので、こんなものにしておくしかない。今日中に、ビデオで作品を見て、「ハコ書き」という三~四時間かかる作業をして、アラビア語の英訳台本を読み始めないと、締め切りに間に合わないのだ。それに、生身の人間としてはまともに眠りたいし、少しは酒も飲みたい。

こうしてスタートしたシリア映画の字幕翻訳は、めでたく正味一週間ほどで出来上がった。とはいえ、しょせん英訳からの「重訳」。実際のアラビア語とは大きな隔たりがある可能性もある。そこで、日本語に堪能な在日アラブ人に字幕原稿をチェックしてもらった。その人から、いろいろ有益なアドバイスをいただいたが、とりわけ目からウロコだったのは、「アラー」について。彼は字幕チェック・リストに、こう書いていた。

『アラー』は、英語のGODに当たる普通名詞です。『アラー』と書けばイスラム教だという考え方はまちがっています。キリスト教徒のアラブ人も、神のことをアラーと言います」

そうだったのか！

五年ほど前から、イスラムについて「ざる知識」を蓄えようと、何冊か関連の書物を読んでいたのに、そんなことも知らなかった。「ざる」だから抜け落ちたのか、あるいは、どの本にも書かれていなかったのか……。ともあれ、このアラー情報はけっして消えない水滴として、わたしのざる脳に燦然《さんぜん》ときらめきつづけるだろう。

脳みそに知識の水をやれば、やわらか頭になって、偏見も減る。きっかけやジャンルは何でもいい。仕事で必要に迫られたときばかりでなく、大切な友達が病気やケガや仕事で悩んでいたら、その問題を少しでも詳しく知って何か役に立てないかと考えるのが人情だ。

もっと軽い興味・好奇心でもいい。想いを寄せる相手が読んでいた本は、ひそかに読んでみたくなる。恋人がサッカーに夢中なら、見たことのない中継も見てみようかと思い始める。

やはりお手軽な入門書としては新書がお薦めだ。たいていは万人向けにわかりやすく書いてあるし、なんといっても薄くて軽くて安い。わたしのバッグには常に何かの新書が入っている。あるジャンルに興味を持ったら、できるだけ複数の関連書を読むのがいい。一冊ではほとんど頭に残らないが、数冊読むと同じ事柄がちがった書き方で出てくるので、理解が深まるし記憶に残りやすい。

ときには、どうにも相性の悪い文体や論旨に遭遇するが、そんな本はとっとと投げ出して次に行けばいいだけだ。読み手に罪はない。「勉強するぞ」と身構えないで、トリビア的「へぇ〜」をコレクションするつもりで気軽に知識をすくいつづけよう。

”非英語圏の映画字幕“

映画は、前述のシリアに限らず世界中でつくられている。なにもハリウッドの専売特許ではない。もちろん商業ベースでは、米国を筆頭として、英語圏やフランスあたりが大きなシェアを占めているが、どっこい映画人はあちこちの「辺境」にも志高く生息している。

そのような良質の映画をできるだけ多くの人に紹介すべく、各国の志高い映画人たちが、単館ロードショーや小さな映画祭や自主上映などで頑張っている。

予算は少ない。期間は短い。当然、字幕翻訳料は安い。

だからなんだというのだ。

ものごとの優先順位は金額ではない。上映組織の大小でもない。

もちろん、こちらをなめきったような安い翻訳料を仕事が終わったあとに提示してくる相手には心おきなくキレるが、そういうセコい組織は早晩消える。たいていは翻訳依頼時に、「すみません。予算がなくて、これだけしか払えないのですが……」と、良心的なことこのうえない。「なんとかしてこの作品を日本で紹介したいのです」と。

そういう話なら、こちらもどしどしやる。いつにも増してやる気が湧いてくる。

そうした小規模上映の映画は、非英語圏のものが多い。フランス語なら、オリジナルの原語台本を直接翻訳できる字幕屋がたくさんいるが、それ以外の言語となると、はなはだ手薄なのが現状だ。これは当然といえる。英語とフランス語以外の映画の上映本数は限られているので、字幕翻訳の仕事もごくわずか。ゆえに、マイナー言語の字幕を専門にしては商売として成り立たない。

かりにわたしが「ロシア語映画専門の字幕屋」を名乗ったとしても食べてはいけず、字幕以外の仕事もやらなければならなくなる。そうなると字幕専業ではないので字幕の腕はいまひとつ上がらない。素人か、せいぜいセミプロのレベルだろう。その言語がわかるというだけでは、まともな字幕はつくれないのだ。

日本には、「えっ、こんな外国語をやってる人までいたの？」とびっくりするほど、各種言語の専門家がたくさんいる。これは、たいへん心強い。しかし、ふつうに翻訳した文章は長すぎて、観客が読み終わる前に消えてしまう。それではストーリーを理解できない。字幕ばかりは、一般の翻訳家や学者に安心して任せるわけにいかないのだ。

そんなわけで字幕屋のもとに、あらゆる言語の映画が押し寄せてくる。言語名さえ知られていないような少数民族の言葉以外はほとんど手がけたのではないかと思うほど、この二十数年の間にさまざまな言語に接した。

アラビア語、ヘブライ語、トルコ語、インドネシア語、マレー語、タミール語、タイ語、ベンガル語、モンゴル語、アルメニア語、グルジア語、アイスランド語、デンマーク語、スワヒリ語……思いつくまま挙げてみたが、これさえごく一部。ましてドイツ語やイタリア語、スペイン語、韓国語、中国語などは、ごく日常的に接する。もちろん、いくら日常的でも、わからないものはわからない。

わからない言語をどうやって「翻訳」しているのか?

大ざっぱに分けて三通りの方法がある。良心的でないものから順に挙げていこう。

その一。非英語圏の映画にはたいてい英訳台本がついてくるので、その英語だけを頼りに翻訳し、字幕をつくってしまう。前述のシリア映画の話でも触れたが、これは「重訳」なので誤訳の危険性がきわめて高い。しかしまあ、字幕がなくて物語がまったく理解できないよりはましだろうという、いささか無責任な方法。

その二。その一と同じように英訳台本からとりあえず字幕をつくり、さらにその言語の専門家に監修（チェック）をしてもらう。この方法が現実にはいちばん多い。ただし、監修者を慎重に選ばないと作業が大混乱する恐れもある。内容を省略せざるを得ない字幕の特殊性を理解してくれない監修者は、「このせりふは、こんな言い方ではない。こうだっ！」と、二行しか出せないところに、五行の訂正案を赤ペンで激しく書いてきたりするのだ。五行の字幕を出したらスクリーンの半分以上が文字で埋まってしまうんですけど……と、丁重にご説明申し上げてもわかってもらえない。ふだん専門分野で細部を追究してやまない、まじめな学者タイプに多い。

その三。これが最も良心的で、字幕屋にとってもありがたく、けれども時間とカネがいちばんかかる方法。まず、その言語の専門家に翻訳（直訳）をお願いする。しかし出来上がってきた原稿そのままでは文章が長すぎるので、字幕屋が読みきれる字数に要約する。

要約する過程で字幕屋の独断と偏見が入るので、もう一度専門家に字幕原稿を戻してチェックしてもらい、表現の齟齬《そご》がないか意見を求める。「この字幕は本来の意味と大きく外れています」と言われれば、字幕屋はさらに知恵を絞って代案を出し、「これではいかがでしょうか」と伺いを立てる。こうして、両者が納得（妥協）できるまでひたすら話し合い、とことん煮詰めて、よりよい字幕を完成させる。

これが理想的なのだが、なかなかかなわない。なにしろこの方法をきまじめにやっていたら、一作品の字幕に何か月もかかりそうだ。それでは字幕屋が食うに困るだけでなく、字幕が完成するころにはその映画の上映期日はとっくに過ぎていた、ということにもなりかねない。


以上三通り、いずれの方法をとるにしても、各言語の辞書はできるだけそろえるようにしている。いくら英訳台本があるからといって、それだけを頼りにしては危険なのだ。誤訳の危険性だけでなく、せりふのタイミングのずれも気にかかる。英語と文法構造（語順）が似ていれば、さほどずれも生じないが、そういう言語ばかりではない。

たとえば英語ではふつう、「わたしは愛しています、あなたを（I love you)」という語順になる。日本語なら「わたしはあなたを愛しています」だ。このせりふを一気にしゃべっているのなら、別にどちらでもいい。

しかし、こんなクライマックスシーンだったらどうだろう。

ある女が男に決断を迫られている。彼は言う、「今日こそはっきりさせてくれ。いったい君は、僕と彼のどっちを愛してるんだ」。ここへ至るまでにはめくるめくドラマがあった。どちらの男も捨てがたい。心は激しく揺れる。いっそ三人で生きていけたら！　だがそれはかなわぬこと。女は意を決して口を開く。「わたしが愛しているのは……（I love……)」　ここで三秒の間。思いつめた女の顔のアップ。切り替わって、食い入るように見つめる男のアップ。ごくりとつばを飲み込む音。ふたたび女の顔が映り、唇が動く。

さあ、第三語は「あなたを（you)」か「彼を（him)」か？

かりに答えが「彼を」だったとしよう。このとき日本語的語順で、「私は彼を——」（三秒の間）「愛してます」というふうに、ふたつに分けて字幕で出したら興醒めだ。

「彼」か「あなた」かの選択がサスペンスなのに、先に「彼を」と字幕で明かしてしまったらドラマはぶち壊しになる。こういう場合はやはり、「愛してるのは——」（三秒の間）「彼よ」という字幕にしたい。

ドラマティックなシーン以上に語順で神経を使うのがジョークだ。たいてい最後の一語にオチがくる。字幕もそれに合わせないと、どうにもマヌケなことになる。

俳優のリアクションにタイミングが合わないだけでなく、観客席で、その言語がわかるネイティブの人の笑いと、字幕に頼っている人の笑いがずれるのだ。い

や、ずれても笑いが起こればまだましで、どちらかしか笑わないという寒い事態もしばしば起きる。ネイティブの人たちは爆笑しているのに、字幕を読んでいる人たちがきょとんとしていると、字幕屋は腹を切ってお詫びしたくなる。

ごくまれに逆の現象もあるが、これはこれで喜びにくい。実際のせりふでは大したことを言っていないのに、字幕でボケて笑いをとってどうする。それは越権行為だろう。ごくまれに、「これはドタバタコメディなので、あまり原語に縛られず、創作してでも笑える字幕にしてください」と頼まれることもあるが……。

話が少々ずれてしまった。問題は、語順の大切さだ。英語とは文法構造の違う言語の作品に字幕をつけるとき、英語にだけ頼っていると、緊迫したドラマや爆笑ギャグの効果を削いでしまいかねない。

そこで、わからないながらも原語台本をまじまじ見つめ、「この単語がドラマを左右する重要な意味を持っているにちがいない」とあたりをつけて、ピンポイントで辞書を引く。当たるも八卦、当たらぬも八卦。当たらぬことが少なくないので時間のかかる面倒な作業なのだが、やり始めるとつい意地になる。ピンポイント攻撃のはずが、いつしかヤケのやんぱち乱れ撃ちとなり近隣の一般市民を巻き込んで多大な犠牲が……というのは、どこぞの大国のやり口で、字幕とは関係がない（話、ずれすぎ。失礼）。

いずれにしても、自分がこれから取り組む相手の実状をできるだけ知ろうとするのが、最低限のマナーだろう。その手間さえ惜しむようでは、手を出す資格などない。

確かに、マイナーな言語であればあるほど、その辞書は高額だ。英語なら二千円程度と思われる厚さの辞書が二万円なんてこともあり、書店の人気《ひとけ》のないコーナーで絶句することもしばしば。それでもめげずに買いもとめるのが字幕極道。知りたい単語がわずか十や二十でも、自宅の書庫の床が抜けそうでも、手元においておけばきっとまた数年後に役に立つ。

ドラマを左右する重要単語を調べるだけでなく、日常的に多用する言葉の簡単な単語帳をつくっておくと便利だ。「わたし」「あなた」などの人称代名詞、「そして」「しかし」などの接続詞、「いつ」「なぜ」「なに」などの疑問詞。これだけでも覚えておけば英訳台本と対照させやすい。数詞も有効。あとは、「ありがとう」「ごめんなさい」「こんにちは」「さようなら」など。せっかく覚えたあいさつは、仲間うちで広めて、ゲーム感覚で楽しむといい。

非英語圏の映画を手がける楽しみは、もうひとつある。自由を感じるのだ。英語をわかる人は世の中にたくさんいるので、ちょっと微妙な意訳をすると「これは変だ。誤訳だ！」と突っ込まれやすい。正直、いつもびくびくしている。原義にこだわるあまり、かえってわかりにくくゴテゴテした字幕になってしまうことも多い。その点、マイナー言語はわかる人が少ないので細かいことに縛られず、物語をよりわかりやすくおもしろくすることに専念できる。もちろん、過度の脚色や創作は御法度だが。

〝勝手にキャラづけ〟
〜言葉遣いの「色」

伽羅蕗《きゃらぶき》は、ふきのしょうゆ煮。伽羅色《きゃらいろ》は、濃い茶色……という話ではない。だいたい「伽羅」なんて文字は映画字幕でけっして使わない。たとえ意地になって使っても、クライアントから「読めないし、意味もわかりません。やめてください」と、言われるのがオチだ。そうはいっても伽羅蕗はおいしい。ご飯三膳はいける。

「キャラ」などという、広辞苑にも載っていない略語を見出しに使ってしまったので脱線したが、要するに「キャラクターづけ」、性格づけのことである。映画字幕の作法はいろいろあるが、登場人物の性格づけも重要な要素だ。つまり、登場人物それぞれの言葉遣いをどうするか。お上品か、きまじめか、べらんめえか、いまどきの若者ことばか、難解学者ふうか、下町のオバサン・オッサンふうか、などなど。

文字（文章）しか情報のない小説などに比べれば、映画はその判断をしやすい。登場人物の性別・年齢・顔つき・体つき・服装・声・しゃべり方・表情・用語・暮らしぶりなど判断材料は豊富だ。そのすべてを映像と音声でリアルに体験できる。だがそれでも、翻訳者の勝手な思い込みでまちがえることがある。

インドネシア映画『青空がぼくの家』（一九八九年）に字幕をつけたときのこと。ジャカルタに住む裕福な少年と貧しい少年の交流を描いた作品で、何度見てもラストでうるうる泣いてしまうのだが、字幕は英訳台本から翻訳し、その後インドネシア語の専門家にチェックしてもらった。そのとき、ガツンとやられた。

貧しい少年の父親は、どちらかというとぐうたらタイプで、しょっちゅう女房にガミガミ言われている。住まいもあばら屋ばかりが並ぶ貧民街だ。ある晩、父親は、息子が裕福な少年からもらってきた品物をうれしそうにながめているのを見とがめて、説教する。

その父親の口調について、インドネシア語の専門家から、わたしも説教をくらった。わたしの字幕は、「そんなもん、もらうんじゃねえ。さっさと返してきやがれ」というような下品できつい言葉遣いになっていたのだ。近所のおじさんおばさんたちの口調も同様。

しかし、専門家は言った。

「確かにこの人たちは極貧で最低水準の生活をしていますが、子どもの教育やしつけには熱心です。この説教シーンもこんな乱暴な言葉遣いではなく、もっと論理的で穏やかな言い方をしています」

これには恥じ入った。わたしのなかに、「生活水準が低い＝下品・乱暴」という偏見があったのだ。思い返せば英訳台本にも卑語や俗語は見受けられなかった。それなのに、あばら屋や垢じみた身なりという見た目で判断してしまった。

これに似たケースはテレビのインタビューなどでも、ときどき見かける。

たとえば、米国大リーグやＮＢＡのアフリカ系（黒人）選手。本人は穏やかに知的なまなざしさえ浮かべてしゃべっているのに、字幕では「おれは絶対に勝てると信じてたさ！　チームの連中もよく頑張ったよ！　最高のプレーだったぜ！」などとなっている。

「さ」とか「ぜ」とか、いちいち文末に「！」とか、まるで口調に合っていない。この字幕をつくった人の心のなかにも、「黒人のスポーツ選手だから」という偏見（固定観念）があったのではなかろうか。そもそも彼の一人称は「おれ」でいいのか？

というわけで、字幕をつくる際にまず決定しなければならないのが登場人物の一人称だ。女性の場合はだいたい「私（わたし）」でいい。たまに、はすっぱな感じの女に「あたし」と言わせてみたくなるが、字数をくっていけない。近ごろ少女のあいだではやっているらしい「うち」「うちら」も実験的に使ってみたい気がするが、はやり言葉はすぐすたれる可能性が高いので、安易に飛びつくわけにいかない。とりあえず「私」とするのが無難だろう。

迷うのは男性の一人称だ。「私」か「僕」か「おれ」か。この三つがスタンダード。ほかに「わし」とか「おいら」、古い時代の王宮物では「余」なんてのも選択肢に入る。あるいは「朕《ちん》」「拙者」「それがし」……？　さすがに外国映画でそれはないと思うが、たまにウケ狙いであるかもしれない。

例外的なものはさておき、男性の主要登場人物に「私・僕・おれ」のどれを割り振るかでよく悩む。なにしろ英語の「I（わたし）」に代表されるように、たいていの言語で一人称単数（主格）は一種類しかない。フランス語なら「ジュ」、ドイツ語なら「イッヒ」、ロシア語なら「ヤー」、中国語（北京語）なら「ウォ」などなど。日本語のように老若男女で使い分けたりしないのだ。

だったら原語に忠実に全部「私」でいいではないか、と思いはするが、そうもいかない。八歳の少年に「私はお腹へった」と言わせるわけにいかないし、腕の刺青も禍々《まがまが》しい半裸の荒くれ男が相手をぶん殴りながら「私をナメんじゃねえ！」とわめいたら、なんとはなしにマヌケである。

そこで字幕屋は、その人物の雰囲気やしゃべり方を参考にして、「とりあえずあんたは『おれ』でいっといてね」と、勝手にひとつの一人称を押しつける。これをエンド・マークまで貫けたらいいのだが、敵もそうそうおとなしく従ってくれない。

「うるせえ！　誰に食わせてもらってると思

ってんだ。おれのやることに文句があるなら出ていけ！」と自宅で暴君ぶりを発揮していた男が、翌朝会社に出勤して会議に出ると、「私が思いますに、この新商品のマーケティング戦略としては……」などとしゃべり始める。どちらも英語でいえば同じ「I」なのだが、会議で「おれが思いますに」はまずいだろう。字幕は、一人につき一つの一人称で統一したいのだが、状況や相手によって変化せざるを得ない。男というのは厄介な生き物だ。

とはいえ、実は女も厄介である。

一人称はみんな「私」でいいとしても、今度は語尾で悩む。いわゆる女言葉の文末「わ・よ・ね」。「うれしいわ」「お客さんよ」「すてきね」など。その人物の性格・育ち・立場にもよるが、現代劇で「いかにも女のせりふ」といったしゃべり方には、どうも違和感を禁じ得ない。現実にそぐわないのだ。もちろん男も「よ」や「ね」は使う。「お客さんだよ」「すてきだね」というように、「だ」を入れれば女っぽさは消えて男女共用となる。しかし「わ」だけは「だ」を入れても、いかにも女のせりふだ。「すてきだわ」

小説やテレビドラマや映画など、あらかじめ脚本のあるフィクションは別にして、現実の現代日本社会で「うれしいわ」「すてきだわ」と言う女が何人いるだろう。多少はいるかもしれないが、わたしは生まれてこのかた、そんな気色悪いせりふを一度も口にしたことがない。周囲にもいないし、街なかでもめったに聞かない。もし言うとしたら「うれしいよ」「すてきだね」くらいか。あるいは、「うれしいな」「すてきじゃん」。いや、「すてき」という言い方自体あまり口にしない。ならば、「いいじゃん」。または、「イケてんじゃん」。

外国語でも、男女で言い方が異なる場合はある。たとえばロシア語は形容詞や動詞過去形の末尾が男女で変わる。それはいいのだが、なんと姓の末尾まで変わってしまうのだから始末が悪い。アンナ・カレーニナの夫はカレーニナ氏ではなくカレーニン氏なのだ。登場人物がたくさん出てくる映画は、ただでさえ名前を覚えにくいのに、夫と妻とで姓まで変わった日には混乱必至。挙げ句の果てに、「誤植がありますよ」などと言われてしまう。

いや、言われるならまだいい。うっかりすると、字幕制作の担当者がこちらに確認もせず「あ、これ書き間違いね」と勝手に書き直して、誇り高き顕官カレーニン氏を女性化してしまう。

ともあれ、これらは文法的な規則であって、日本語における「いいわ」「いいぜ」

のような女言葉・男言葉の別は、他の外国語にあまり例がない。「わしはもう年じゃよ」という老人言葉もしかり。原文にそういう区別がないにもかかわらず翻訳者が一方的に「色づけ」するのはいかがなものか、とも思うのだが、かといって一切「色なし」ではテストの答案のような硬い直訳調になってしまう。やはり、字幕ではその人物に見合った自然なしゃべり方をさせたい。そのあたりのあんばいが難しい。

かなり以前、ナイジェル・マンセルというドライバーにスポットを当てたF1番組を手がけたときは、前述のインドネシア映画とは逆のことをやってしまった。「暴れん坊」とか「荒法師」という異名をとったマンセルは、その果敢なドライビングで愛されたものの、一方でかなり気が短く感情的で、しょっちゅうチームスタッフと衝突していた。つまりお世辞にも理性的なタイプではないのだが、わたしが彼の言葉にあまりに理路整然とした字幕をつけたものだから、あとでF1ファンの仕事仲間に言われてしまった。

「なんだかあれでマンセルのイメージが変わっちゃったよ。妙にしゃべり方が理知的で……」

キャラづけは、つくづく難しい。

乱れ飛ぶ「お」と「さん」

お父さんが乱れ飛んでいるわけではない。ちまたにあふれる「お」と「さん」が気になるのだ。つまり、丁寧表現の接頭語「お（御）」と接尾語「さん」。

確かに言葉は、乱暴で下品であるより丁寧で上品なほうが好ましい。

しかし、ものには限度というものがある。過ぎたるは及ばざるがごとし。わたしが下品な性分だからお上品表現に反発してしまうのだろうか。なるべく字数の少ない簡潔な表現を求める字幕屋の職業病的な傾向もあるかもしれない。それにしても近年の「お」や「さん」乱発は耳障りでしょうがない。とにかくなんでもかんでも、親のかたきのように「お」をつけまくる、お上品な人々。あれはどういう心理なのだろう。

「おしょうゆ」や「お砂糖」は、まあいい。「お酢」や「お紅茶」は、ちょっと尻がむずむずしてくる。「お受験」「お取り寄せ」……次第に胸がむかむかしてくる。

もちろんこれらは、わたし個人の（つまり下品な傾向を持つ人間としての）感覚的な好悪にすぎない。では、自分がやっている仕事に「お」をつけるのはどうか？

「このたびは、やりがいのあるいいお仕事をいただきまして」というのならかまわないと思うのだが、「さあ、お仕事しなくっちゃ」「また月曜日からお仕事でユーウツだわ」……聞いてるこっちがユーウツだわ。挙げ句に、自分の職業に「さん」まで奉る。「あたし、女優さんになれてとっても幸せです。お仕事、充実してます」。聞いてるこっちは頭ががんがんして、とっても不幸せである。

いずれにしても、お上品さを競う人々は圧倒的に女性が多い。ふと、「ぶりっこ」などという古くさい言葉が脳裏をかすめる。それとも、なるべく優雅にソフトに角を立てないように、という無意識の気遣いなのだろうか。しかしやりすぎれば気色が悪く、滑稽でさえある。

「あのお店のおまかせコースはそんなにお高くなくてお昼のお食事としてお薦めよ」

「このお色はお客様にとてもお似合いでお値段もお手頃でお買い得でございますわ、おほほ」

……とほほ。

「お」を全廃してくれと言っているわけではない。和服を涼やかにきりりと着こなした女性に、日傘の陰から「お暑うございます」と、しっとりあいさつされたら、なんだかうれしくなる。要は、ほどほどに、ということだろう。

接頭語「お」はスパイスなのだ。まったくなければ味気ない。けれども、かければおいしいからといって、山ほどぶっかけたら食えたものではない。素材や調理法をないがしろにしてスパイスだけに頼り、これさえかけておけば安心と、ばかすか大量に投入していたら味覚障害になる。使えば使うほど、舌も頭もまひしてくる。慣れは怖いのだ。

恥を忍んで、己の実例を白状しよう。

互いに文章の爆笑度を競っているお笑い系の友人あてメールに、ときどき冗談で「おメール、かたじけのう拝読」などと書いたりしている。もちろん直後にカッコつきで、（妙な「お」はやめろ）と自分でツッコミを入れるのだが、これが恐ろしいことに、何度か使っているうちに「おメール」というバカげた表現への違和感が薄れてきてしまったのだ。このままでは、いつかうっかりビジネスメールで、「おメールありがとうございました」などと書きかねない。

実に危機的な状況だが、結局は感覚的な問題なのかもしれない。言葉は生き物で、時代によってじわじわ変化する。誤用に対して、最初は多くの人が拒否反応を示し、「こんな言葉遣いがあるか！　まったく最近の日本語は乱れておる！」と、ぷんぷん怒っていても、その誤用表現が何度も使われているうちに違和感を持つ人が少なくなり、いつしか市民権を得る。

それでいいのではないかとも思う。まあ、「おメール」は当分ないだろうが。総体にカタカナ語に「お」はなじまないようだ。なぜなのか理屈では説明できないけれど、感覚的に無理がある。「お紅茶」とはいっても「おコーヒー」とはいわない。「お手紙」「お電話」とはいうが、「おファックス」は聞いたことがない。聞きたくもない。

さて、「さん」の話に移ろう。接尾語「さん」は本来、人名につけて敬意を表すのが王道だが、「奥さん」「だんなさん」「お疲れさん」「おはようさん」などというのもある。親しみをこめた「八百屋さん」「電気屋さん」「お医者さん」。「おサルさん」や「ぞうさん」もかわいらしくていい。しかし、何にでもつければいいというものではあるまい。

社会に出て働くようになって、ぎょっとしたのが社名への「さんづけ」だった。わたしは会社組織のなかで正式に働いたことがないので、「自分は世間知らずかも」という気後れがあり、飛び交う社名さんづけの嵐に、「なるほど、これが世の中の作法というものか」と、とりあえず素直に感心したものだが、やはりいまだに違和感をぬぐいきれない。

しかたがないので、相手やその場の顔ぶれによって、「社名さんづけ」を採用したりしなかったりしている。確かに、相手の所属する会社名を口にする場合は、さんづけのほうがいいのかもしれない。「光文社さんの新書はよく売れてますね。給料上がったんじゃないですか」とか。ちなみに、面接や商談で使われているらしい「御社は……」という言い方は、あまりに堅苦しく歯が浮きそうなので、一度も口にしたことがない。「おんしゃ」という響きを不気味なものと感じてしまうわたしは、やはり世間知らずなのだろうか。

しかし、「御社」という言葉で先方に心から敬意を表しているとはどうしても思えない。むしろ、慇懃無礼《いんぎんぶれい》という言葉が浮かぶ。だいたい、本当に「御社」は世間で使われているのだろうか。わたしはテレビ以外で耳にしたことがない。

それはさておき、「社名さんづけ」でうっとうしいと感じるのは、その場に当事者がいない会社にまで律儀に「さん」をつけることだ。なにゆえそこまでするのか。利害関係がある以上、それが礼儀なのだろうか。いいじゃん、呼び捨てで。もしかして、「昨日、＊＊社の＊＊さんは、おたくの会社名を呼び捨てにしてましたぜ」と密告されるのを恐れているのか。まさか。ついには、「他社さん」などと、自社以外すべて一網打尽に敬意を表しまくったりしている。そこまでへりくだらなくても、よさそうなものだ。

すさまじいへりくだり路線として、新聞の折り込みチラシは笑いの宝庫だ。へたな小説よりおもしろいのでいつも愛読している。

軽いところでは、「パートさん・アルバイトさん募集」。「さん」など削除しろ。どうせ雇ったあとは居丈高に抑圧して酷使するくせに。しかも言うに事欠いて、「簡単できれいなお仕事です」だと。何がどう「きれい」なのか、よくわからない。手を汚さないということか。

「インターネットで派遣のお仕事探し！」というのもある。この「お仕事」という言葉の主体はだれなのか。謙譲なのか尊敬なのか美化なのかさえ判然としない。

とどめは、チラシ掲載のアクセス地図である。自社（自店舗）以外の建物はすべて「さんづけ」という爆笑チラシが、思いのほか多い。「トヨタカローラさん」「ブックオフさん」「京王さん」「アオキさん」「マクドナルドさん」……。

実にすばらしい。謙譲道の鑑《かがみ》と言えよう。そこまでやるなら、いっそ道路や川や駅にも「さん」をつけてみたらどうだろう。「甲州街道さん」「多摩川さん」「新宿駅さん」「皇居さん」。ほのぼのとして、心穏やかに暮らせそうだ。平和の基本かもしれない。

そのうち、国名にも「さん」がついて国家間の揉めごとが解決すれば、願ったりかなったり。「まあ日本さんも、そうおっしゃらず、うちの牛さんたちは農家さんが健康に育ててますから食べてあげてちょうだいな」「アメリカさんがそうおっしゃるなら、うちの牛丼屋さんや消費者さんたちを説得して、頑張って輸入しちゃいます」。

牛肉は好きだが胃がムカムカして、ちょっと吐きそう。

もうひとつ、しつこいようだが、奇妙に感じる「さんづけ」がある。書店のサイン会告知だ。「＊＊書店、＊月＊日＊時より、＊＊さんサイン会」。うっかりすると「＊

＊先生」とさえなっている。確かに、書店にとってサインをする人物（著者）は、敬語を使うべき相手だろう。しかし、サイン会のお客である読者にとっては、出版社・書店・著者三者まとめて「売る側」だ。ゆえに、読者に対する告知で、同じ売る側の身内に「さん」だの「先生」だのつけるのは、いかがなものか。

最近新聞に載った東京の大型書店八店のサイン会告知をサンプルとして切り取ってあるのだが、これを見る限り、著者名に「さん・先生」をつけていないのはわずか三店。有隣堂さん、青山ブックセンターさん、ジュンク堂さん。……しまった、書店に「さん」をつけてしまった。

”させていただきたがる人々“

残暑厳しい九月の昼下がり、ある選挙の立候補者が「大きなマイクで失礼します」と言いながら近所にやってきた。丸太ほどもある巨大なマイクなのだろうか、たいへんだなあ、と同情しながら聞いていると、すでに何日もがなりたててガラガラになった声を張り上げる。

「皆様にワタクシの政策をお訴えさせていただきたく……」

わたしはその瞬間、どんなに政策がすばらしくても、こいつには絶対投票すまい、と固く心に誓った。

せめて「お」がなかったら、あるいはせめて「お訴えいたしたく」だったら、まだ救いもあったのに、「お訴えさせて」はないだろう。政策を練る前に、日本語教室に通って出直してくるべきである。

「〜させていただく」は、奥ゆかしく美しく正しい敬語のはずなのだが、近ごろ多用されすぎている気がする。多用だけならまだしも、現時点では誤用と断じざるを得ないような、妙にごてごてした言い方が耳につく。

つまり、長たらしいのだ。字幕屋はこれが気に入らない。長たらしい誤用表現がいつしか市民権を得て慣用となり、ついにそれが正しい敬語として認められたら、字幕の字数が増えるではないか。異議申し立ての動機が不純なようだが、とにかく困る。

おかしいな、と最初に気づいたのは、某人気アイドルグループの長寿バラエティ番組だった。そのなかに料理コーナーがあり、オーナー役のメンバーがゲストに向かって毎度おなじみのせりふを言う。「当店にメニューは一切ございません。お客様のお好きな料理を言っていただければ何でも作らさせていただきます」

そらで書けるのだから、わたし自身この番組を好きで見ているのはバレバレだが、それにしても「作らさせていただく」は困る（ほら、案の定、ワープロソフトも「さ入れ表現！」とクレームをつけてきた。偉いぞ、ワープロソフト）。

ところが、この決まり文句を言われて、「あんた、その日本語、おかしいわよ」とクレームをつけるゲストが、わたしの知る限りだれひとりいない。

このコーナーが始まって、もう十年近くになる。もちろん、芸能界で生きていく俳優やタレントが人気アイドルの誤りを指摘するのは難しいにちがいない。しかしゲストには、知識人だの文化人だの有識者と称される人々も数多くいたのに、である。この人ならば、と期待をかけた辛口評論家さえ気づいた素振りも見せず、へらへらご馳走を食らうのみ。わたしは絶望した。ただ、アイドルグループの別のメンバーが例外的にオーナー役を務めたとき、少なくとも二人はちゃんと「作らせていただきます」と言っていた。偉いぞ、K君I君。

ここ数年は、この番組をめったに見なくなったので、右記は厳密な話でないのだが、「させていただく」へ疑惑の目を向ける契機をつくってくれたのは確かである。きっかけは＊＊テレビ！　とでも叫んでおくか。

「作らさせていただく」がいつまでも修正されず苛立っていたころ、いつも行くショッピングビルのガラス扉に、こんな休業告知が張り出されていた。

「明日は休まさせていただきます」

わたしは錯乱し、ガラス扉を蹴破らさせていただきたい衝動に駆られさせていただいた。

このころからではなかっただろうか。業務メールにまで、「あす素材をお送りさせていただきます」などという文章が現れ始めたのは。同じ映画字幕業界にいて、しょっちゅうこちらの原稿に文句をつけている字幕制作担当者にしてからが、これである。「俺たちに明日はない」と、うわ言のようにつぶやいて、蜂の巣にしてやりたくもなる。

繰り返すが、誤用もいつしか慣用になる。なったらなったでしかたがない。でも字数を増やすのはなるべく勘弁してくれ、と字幕屋はひっそり祈るのだった。「作らせていただく↓作らさせていただく（一字増）」「休ませていただく↓休まさせていただく（一字増）」「送らせていただく↓お送りさせていただく（二字増）」。ああ……。

一字や二字の増減で一喜一憂する字幕屋のわがままなぼやきは、ほうっておこう。それより、「させていただきたがる人々」の激増が気にかかる。若いタレントに多い。なんでもいいからとにかくへりくだれと事務所から教育されているのだろうか。

「はい、おかげさまで、先月ＣＤを出させていただき、歌番組でも歌わせていただき、ドラマにも出させていただいて、あこがれの女優さんと共演させていただきました」

なぜそこまで、いただかないといけないのか。バカのひとつ覚えにもほどがある。

「先月CDが出て、歌番組でも歌いました。ドラマにも出て、あこがれの女優さんと共演することができました」。これで、別に失礼にはならないと思うのだが。

そこで考える。「させていただく」というのは、どういう心情だろう。ありがたくてしかたがない、という強い感謝のニュアンスか。

「わたくしがそんなことをするなんて、めっそうもない。僭越《せんえつ》きわまりない。ほんとうにやっていいのですか。ああ、かたじけない。もったいない。ありがたき幸せ。へへーっ！」

……って江戸時代かよ。いまだに身分制度でもあるのか？

きっとあるのだろう。江戸の庶民が地べたに、はいつくばって、おさむらいに頭を下げつつ、日常では権力者を笑い飛ばしていたように、そこに本心からの敬意はない。とりあえず頭下げとけばオッケー、みたいな。

「させていただく」ににじむもうひとつのポイントは、「する」のではなく「させてもらう」という心情だ。つまり、主体的な意思よりも、相手の許可・裁量に重きが置かれている。一見、相手を第一に立てる美しき謙譲だが、裏を返せば相手に判断を委ねる無責任な態度にも感じられる。

敬語以外でも「させる」「される」という言い方が妙に増えた気がしてしかたがない。

「目標を達成させる」「会社を再建させる」「薬品を混入させる」「最悪のシナリオが展開される」……。どの「させる・される」も「する」でいいのではなかろうか（「達成する」「再建する」「混入する」「展開する」）。文法的には間違いでないのかもしれないが、いまひとつ腑に落ちないし、どうにも耳障りなので、わたしはこれを勝手に「させる病」と呼んでいる。某大新聞で、「アカデミー賞は受賞俳優のギャラをはね上げさせる」という記事を読んだときは笑ってしまった。これはどう考えても「はね上げる」だろう。かなり病の昂進した重症例だ。

一方で、なんだか変なんだけど、どう直していいかわからない、というケースもある。

「＊＊さんの背中を突き飛ばして線路に転落させ、電車にはねさせ、死亡させたとされる」

これも新聞記事。「電車にはねさせ」が特に引っかかるのだが、小さな事件記事で字数の制約もあるだろうし、容疑事実なのでへたに言い換えられない。新聞記者もきっと日々悩んでいるにちがいない。

ついでに、「食べる・飲む」の丁寧語「いただく」も微妙なことになっている。ごく最近、「ちゃんと給食費を払っているのだから子どもに『いただきます』と言わせるのはやめていただきたい」と学校にねじこんだ保護者がいるというので議論を呼んだ。

なるほど、これも理屈かもしれない。わたしは個人的に、食前の「いただきます」と食後の「ごちそうさま」を好ましい慣習と感じるので、どこで飲み食いしても必ず口にしているが、人によっては外食時にレジなどで「おいしかった」とは言っても「ごちそうさま」とは決して言わないそうである。

まあ、しょせんは美しき慣習。人それぞれ好きにしたらよかろう。マナー(作法)というものは、理屈をいっていたら多くが崩れ去る。崩すもよし、守るもよし。時代とともに変化していけばよし。理屈や効率だけを基準にすると味気ない世の中になりそうだが、よくしたもので、生身の人間はそうそう効率だけで生きていけない。他者が存在する以上、知らず知らず潤滑油を求めてしまう。メールのかわいらしい絵文字も、結局そういうことなのだろう。

「いただく」の居心地悪さは、もっと別のところにある。食べ物に関するエッセイなどで、ふつうに「食べる」と書けばいいのに、なぜか気取って「いただく」となっている文章に最近よく遭遇するのだ。これがうっとうしい。

エッセイ全文がしっとりと雅な雰囲気を漂わせているのなら大歓迎だが、「いただく」だけが唐突で、浮いている。お上品ぶりたいのなら、しっかり全文にわたっておお上品を貫いてくれ、気色わりーんだよ、ばかやろう、とお下品に悪態をついていたら、テレビから恐ろしい文言が聞こえてきた。

「大地をいただけ！」

カレールーのコマーシャルである。最初は聞き間違いかと思い、耳を疑ったが、コンセプトとしては、母なる大地で育った尊い野菜をたっぷり使ってカレーを作り、ありがたくいただきましょう、ということらしい。

これぞ「いただきます」の精神。すばらしい。しかし、「いただく」に命令形があったとは……。影響されやすいわたしのその日の夕食がカレーだったのは言うまでもない。

”くさいものにはふた
～禁止用語をめぐって“

　目が悪いのでよく見間違いをしてしまう。

「気遣い」の「遣」を別のよく似た漢字に見間違えて、ぞぞっと鳥肌が立ったのは一度や二度ではない。耳もあまり鋭敏とはいえないので聞き間違いも多い。「どうやら行き違いになったようですね」と言われたのに「行」の音を聞き漏らし、またまたぞぞっと鳥肌が立つ。こうした症状をわたしは勝手に「用語規制症候群」と呼んでいる。

　何の話をしたいのか、すでにお気づきだろう。ペン先にモノが挟まったような、あいまいな書き方しかできないのは、恐ろしくてそのものズバリの語を書けないからだ。出版や放送や広報など公の言論に携わる人々は、多かれ少なかれ似たような感覚を身につけているのではないだろうか。

「それ」は絶対の禁句。A級禁止用語。公の場に流出しようものなら、部長のクビが飛び、血の雨が降る……というのは大げさすぎるかもしれないが、それくらい恐れられている。おっと、誤解が恐ろしいので念のためにくどくど書いておくが、「それ」というのはあくまで「その言葉そのもの」であって、その言葉が指し示すと一般に思われている実態ではない（ほんとにくどいなあ）。

わたしも昔は、特に注意を払っていなかった。それどころか、中・高生時代はお気に入りの語として手紙や日記に山ほど使っていた。現在の映画字幕屋稼業に片足を突っ込んだころには、だれに教わるでもなく何となくわかってきていたが、それでもまだ留意が足りなかった。そして、あるとき、こんなことがあった。

アルバイトをしていた自主上映団体で古い映画の字幕翻訳を任され、勇躍挑んだのだが、ドタバタの大騒ぎのシーンに「まるで＊＊＊沙汰だ」という字幕をつけてしまったのだ。その原稿を見とがめたバイト先のボスは当然、書き直しを命じた。

「この言葉は絶対にだめだから」と。

まだ無邪気だったわたしは納得いかず、激しく抵抗した。

「特定の個人を罵倒するセリフではありません。単に状況を形容する慣用句です。これのどこがいけないんですか」

まっとうに反論したつもりだったが、ボスも負けてはいなかった。

「君は恵まれて育ち、差別された経験もないからわからないかもしれないが、この言葉に接して傷つく人たちが現実に存在する。君にとって感覚的に不快か否かは問題ではない。そういうこととは関係なく、使ってはならない言葉というものがあるのだ」

以上は簡略版で、実際の議論は具体例も織り交ぜて一時間近くに及んだのだが、いずれにしても明らかにわたしが劣勢だった。最後のほうは、ほとんど半泣き状態だったのを懐かしく思い出す。もちろん、完全に納得できたわけではない。ただ、「この言葉は絶対に、口が裂けてもペン先が裂けても、使ってはならないのだ」ということだけは、いやというほど肝に銘じた。

禁止用語は「それ」だけではない。ほかにも山ほどある。

身体的不具合（！）を表す昔ながらの言葉はほとんどNGだし、女性の性器を表す俗語もA級禁句。さらに、病気関係、民族人種関係、ジェンダー（性別）関係……。

実に多岐にわたるので、公にモノを言ったり書いたりする人間は、いつもハリネズミのようにピリピリと毛を逆立てている。悲しいかな、そうしてむやみに逆立てていると、どうでもいいようなことまで引っかかってしまい、自主規制の輪がどしどし広がる。まして、一般の人からクレームが来ようものなら、組織を挙げての大騒動。震え上がった上層部が、「あれもだめ、これもだめっ！」と叫んで、アリバイづくりに狂奔する。

世間がこれほど神経をとがらせるようになったのは、いつごろからだろう。前述したバイト先のボスとの議論は一九八六年ごろだったと記憶するが、これは第一級の禁止用語なので世相の反映とは必ずしもいえない。

思い出深いものとしては、作家・筒井康隆氏の「断筆宣言」がある。これが一九九三年。氏の作品が国語の教科書に取り上げられ、文中に「てんかん」という病名があったことで「差別を助長する」とクレームがつき、氏が「キレた」。

てんかんは別に差別用語ではない。わたしが偏愛するドストエフスキーもこの病を患っていたとされ、ドストエフスキー研究には避けて通れないポイントだ。「てんかん」という言葉を禁止されたら、おちおち評論も書けない。

筒井作品の場合は、その文脈が問題とされたのだろう。ブラックユーモアあふれる氏の作品が好きで、しかも子ども時代から「国語の教科書なんかどうせろくなもんじゃない」と公言してはばからなかった、ひねくれ者のわたしは、「筒井作品を教科書に採用するほうが間違っている」と思ったものだ。実際、漱石の『こころ』も太宰の『走れメロス』も、授業では「真の友情とはなにか」などという「清く正しく美しい」問題ばかりがクローズアップされた。ひねくれ者は当然、「けっ！」と鼻白んで排除する。おかげで漱石や太宰のおもしろさに目覚めるのが、おそろしく遅れてしまった。

いい作品に接するきっかけになれば、と真摯に取り組んでいる教科書制作者もいるのだろうし、そういう人たちには申し訳ないのだが、学校教育の現場は総体に、テストでいい点を取るためのテクニック重視になっているのではないだろうか。その素材としての教科書で本物の文学など味わえるはずもない。まして、ほとんどが抜粋。せめて、教科書に載っていたのが『こころ』の抜粋ではなく、『吾輩は猫である』の冒頭部分だったら、といまだに恨めしく思っている。いささか暴論ではあるが、いい小説は一冊の書物として手に取り、受験コンストラクターと化した教師の目を盗んで読むべきである（もちろん世の中には、すばらしい教師も存在する。誤解なきよう）。

また脱線してしまったが、筒井氏の断筆宣言を契機に、当時ある週刊誌で用語規制の特集がかなりの回数にわたって組まれた。すでに字幕屋稼業八年目で、言葉の扱いに敏感になっていたわたしは興味深く読んだ覚えがある。

一方、そうした用語規制批判派に対する反論の書も出たようだ。これは最近になって知ったことで、当時じゅうぶんな議論がなされたという記憶はない。日々そうした問題に直面する者たちは目先の仕事に追われて、「この言葉を使うとあとで文句が出るかもしれない。そうなると余分な時間をくって面倒だから、別の表現にしておこう」と、安易な安全策・自己規制でお茶を濁していたというのが実態ではあるまいか。白状すると、わたしはまさにそうしていた。いや、現在もだいたいそうしている。

字幕の原稿を書いていて、「この言葉はちょっとまずいかもな」と思うと、つい事前に避けてしまうのだ。あとで文句がきたらその部分だけ書き換えればよさそうなものだが、そう簡単にはいかない。

厳しい字数制限のもとでは、ストーリーの理解に必要な最低限の情報さえ表現しきれないことが多く、抜け落ちた情報は前後の文脈にちりばめて、かろうじて整合性を保っている。トランプで「紙の家」を組み上げるのに似て、アクロバティックな危うい技巧なのだ。そういう薄氷のごとき字幕で、ひとつの言葉が却下されると、周辺の文脈も崩れ去る。

いったん崩れれば、その前後の字幕すべてをやり直さなくてはならない。場合によっては前後どころでなく、はるか前に伏線として出ていたせりふまで修正を迫られる。これがどれほど面倒な作業か。暇なら喜んで取り組むが、そのころにはすでに次の作品の締め切りでひいひい言っている。そんなわけで、つい事前の自己検閲とあいなる。

もちろん字幕屋も、ひよってばかりではない。たまには窮鼠《きゅうそ》となって猫やコアラやライオンやドーモ君を噛む。これは以前にもエッセイで書いたエピソードだが、ドーモ君の本拠地である某公共放送で放映予定だった『アイス・ストーム』（一九九七年・米、監督アン・リー）に字幕をつけたときのこと。

せりふの中にドストエフスキーの長編小説『白痴』という題名が出てきた。ずばりA級の禁止用語。もちろん昔からある定訳中の定訳題名ではある。まさかこれを言い換えろなどといわれはすまい、と思う反面、不安もチョモランマ級にそびえ立つ。

なにしろ、かの放送局は飛び抜けて規制がきつい。差別語や卑語だけでなく、「公共」ゆえに商品名さえだめなのだ。「ハーレーダビッドソン」を「バイクの神様」に変えられたときは、あまりのことに笑いが止まらなかった。近未来SFコメディで、人々がバイクを偶像として拝むというシーンではあったが……。

不安材料はまだあった。これは民間の放送局だが、映画史に燦然と輝き、邦題として定着しているフィルム・ノワールの傑作『気狂いピエロ』（一九六五年・フランス、監督ジャン＝リュック・ゴダール）が深夜にテレビ放映されたとき、あろうことか表示題名が原題そのままのカタカナ書き『ピエロ・ル・フ』になっていたのだ。もうずいぶん昔の話ではあるが、あのときテレビの前で「なんじゃ、こりゃあ！」と叫んだ映画ファンも多いのではないだろうか。

そんな苦い思い出もあるので、『白痴』についても悲観的にならざるを得なかった。ピエロの例にならって原題カタカナ書きの『イジオット』にされるかもしれない。しかし、そんなことを許していいのか。

やせても枯れても腐っても自分はロシア文学畑出身。単に出身というだけで、すでにロシアの大地から引っこ抜かれて枯れ果ててはいるものの、ドストエフスキーへの愛は変わらない。ここでひよれば一生顔向けできなくなる。

立ち上がれ、万国の字幕屋よ！

もはや頭の中はぐちゃぐちゃになりつつ、ああでもないこうでもないと考え続けて眠れなかった。挙げ句の果てに、「しかし、すでに百年以上前に故人となっているドストエフスキー自身が日本語に翻訳された題名なんかを気にするだろうか?」とまで思い至る始末。

ともあれ、「やはり妥協できない」という結論に達し、字幕制作会社の担当者に電話で告げた。

「この『白痴』という小説名は絶対に言い換えないでください。もし換えるのならこの仕事は降ります。ほかの人に頼んで、一から翻訳し直してください。もちろん今日までの作業のギャラは一切いただきません」

結局、『白痴』を字幕で出すのはOKとなり、ほっとした。

あくまで古典小説の定番邦題だから、という例外的許容だが、そうすると、かの『気狂いピエロ』→『ピエロ・ル・フ』はなんだったのだろう。わたしが『白痴』で悩んだのは二〇〇二年。『ピエロ』の一件は、正確な記録はないものの、一九九〇年代半ばだった。阪神淡路大震災やオウム事件で日本中が大揺れしたのが一九九五年。このころ、言葉の分野でも最大限に過剰反応が起きていたのかもしれない。多くの言葉が「怪しい」と嫌疑をかけられ、ないものとされた。試しに、パソコンで「気**

い」や「白痴」を入力してみてほしい。だれもが知っている言葉なのに、決して一発変換はされないはずだ。

もうひとつ忘れられないものに、テレビドラマの再放送につけられた「アリバイ・テロップ」がある。「言い訳テロップ」といってもいい。これも一九九〇年代半ばのことになる。もともとの放映は一九七九～八〇年。再放送どころではなく、再々々放送くらいの傑作連続ドラマで、最後にこんなテロップが表示された。

「このドラマは＊＊年に放送されたものであり、作中に出てくる＊＊＊という言葉は＊＊＊と何の関係もなく、現在は使われておりません」

なるほど、真摯な態度である。問題のある言葉が作中に出ていたら、それだけでお蔵入りとなるところを、リクエストが多かったのか、あるいは「この名作は万難を排して世に出すべき」と考えたのか、言い訳テロップをつけることで放映した蛮勇はすばらしい。だが、うるさいようだが字幕屋としては、これにも文句がある。というのも……。

このテロップは何字あるだろうか。句読点を省いても五十九字。字幕の原則「一秒＝四字」に照らせば十四秒間は出してもらわないと困る。ところが実際に画面に出ていた時間は五秒にも満たない。つまり、視聴者には絶対に読みきれない短さなのだ。半分ほど読んだところでテロップは消えてしまう。

まあ、こんなことを気にする一般視聴者はあまりいないだろうが、それにしてもおざなりの感が否めない。「とりあえずこれを出しとけば、クレームが来たとき好都合だからさ」という、セコい根性が丸見えだ。まじめに差別問題と取り組む気持ちがあるとは思えなかった。

ちなみに、そのアリバイ・テロップで言い訳をされた言葉は、現在「ソープ」などと言い換えられている。問題の語はれっきとした主権国家の国名で、同国の大使館や日本滞在の人々から異議が出たのだ。実際、失礼な話である。こういう言葉はどしどし言い換えるべきだろう。

”くさそうなものには全部ふた“
～禁止用語をめぐって

前項で取り上げた言葉のほとんどは絶対的なA級禁止用語で、へなちょこ字幕屋は抵抗する気にもならないのだが、勢い余って規制の輪が広がり、「えっ！　こんなものまでだめなの？」と腰を抜かすことも多い。ピークだった世紀末に比べれば、近年ほんのわずかながら緩やかになってきた感触もあるのだが……。

大河ドラマのせりふに「片手落ち」という言葉が出たとき、視聴者から「片手を失ったり、生まれつき片手のない人たちが傷つくではないか」とクレームが来た、というのは有名な話だ。その伝で、字幕の現場でも「手が足りない」とか「～には目がない」は、まずいのでやめようという気運が高まった。「片親」もだめ、「片目のジャック」もだめ。「一本足のかかし」も「一本足打法」も心配なので避けよう、オバケのQ太郎の「毛が三本」もヤバいのではなかろうか、などという議論がどこかで真剣になされていたとしても、わたしは驚かない。

「狂」という字も忌み嫌われた。「この時計は狂っている」と書けないもどかしさ。では、なんと書けばいいのか。「この時計は合っていない」。いまひとつわかりにくい。「この時計は正確ではない」「この時計は時刻どおりではない」。どんどん字数が増えていく。

もっと困るのは「未亡人」だ。クレームをつける人の言い分はわかる。「〝未だ亡くなっていない人〟とは、なんざますっ！　さっさと死ねとおっしゃるの？」というわけ。気持ちはわかるが、では英語の「ウィドー widow」をどう訳せばいいのか、ぜひ代替案を提示していただきたい。「後家」や「寡婦」では古くさすぎるし、「未亡人」以上に嫌われそうだ。「故スミス氏の妻」とでも？　字幕としては長すぎる。姓が「スミス」ならまだしも、「ロビンソン」だったらどうする。まして、「ウスペンスキー」や「リチャードソン」や「ショスタコーヴィチ」だったら……。

また、字幕では問題なく使っているのに、ある筋では禁止というものもある。最近、子を持つ友人から聞いて仰天したのだが、ＰＴＡの広報などで「子供」という書き方はだめらしい。「供」という文字は「供える・捧げる」の意味があるからと。「人身御供」をイメージするのだろうか。とにかく「子ども」か「こども」と書かなければいけないそうだ。やはり広報などで、かたくなに「障がい者」と表記する自治体や組織もある。「害」の字はネガティブな意味合いを持つからだという。だったら「障」の字もそうではないのか。

日ごろ気になっている例を駆け足で挙げたが、そのいずれもナイーブな心情がからんでいるので、確信を持って「これはおかしい」と異を唱えられないのがつらい。いずれにしても、気を遣えば遣うほど、字数は増えていく。

そういえば、五年ほど前に翻訳した米国のバスケット映画にこういうやりとりがあった。

「このチビめ！」

「〝チビ〟じゃない。〝身体的ハンディゆえに、より高い跳躍を要請される人〟だ」

こんなせりふを二秒でしゃべられた日には、たまったものではない。たった八文字でどうやって字幕をつくればいいのか。それはともかく、右のせりふは世に蔓延する「政治的に正しい言葉」への皮肉である。

「政治的に正しい言葉」とは、いささか奇妙な響きかもしれない。一九九〇年代に米国で盛んに言われ始めた「政治的公正　political correctness（略してPC）」の訳語としてよく使われる。白人や男性優位だった従来の価値観を反省し、女性や人種的少数派や同性愛者などへの差別をなくそうという動きだ。「政治的」とは、「政治家が公の場で口にできる」というニュアンスで、要するに「差別的でない」の意味。

その理念はすばらしかったのだが、あまりにみんなが「正しさ」に神経をとがらせたせいで柔軟性を失い、「逆差別だ」という声もあがった。米国映画でPCがらみのジョークや異論反論によく遭遇するようになったのも、やはり一九九五年前後からだったと記憶する。

「〝黒人〟はだめです。〝アフリカ系アメリカ人〟と言いなさい。〝ニグロ〟なんて口が裂けても言ってはいけません」。そんな説教があちこちで聞かれた。字幕屋もそれに染まって臆病風に吹かれ、いまだに「黒人」と原稿に書くとき若干のためらいが生じる。実際のせりふで「ブラック」と言っていても一瞬迷ってしまうのだ。まして「ニグロ」など厳禁中の厳禁……と思っていたのだが、意外とこれも映画のせりふにはよく出てくる。

以前は、たとえ登場人物が「ニグロ」と言っていても、字幕ではわざとごまかして避けていたが、最近は配給元や発売元と相談し、状況に応じて判断している。たとえば、刑務所内での苛烈な差別や暴力を描いている場合は、その差別発言のひどさを字幕でソフトにしてしまっては意味がない。それどころか作品に対する冒瀆・裏切りである。真摯に差別問題を扱っている映画は特に慎重に扱うべきで、安易な言い換えで逃げてはならない。

「ニグロ」に関しては、目からウロコが落ちるようなせりふにも遭遇した。

二〇〇三年公開の米国映画『白いカラス』(アンソニー・ホプキンス、ニコール・キッドマン主演)。ホプキンス演じる大学教授の人生と最後の恋を描いた秀作だが、のっけからPC問題で教授が失脚する。講義にまったく出席しない学生のことを「スプーク spook(幽霊)」と呼んだことが教授会で糾弾されたのだ。確かに「スプーク」は「黒人」を意味する差別語でもある。時代設定は、クリントンの女性スキャンダルがマスコミをにぎわせていた一九九八年。そう、これまた一九九〇年代なのだ。糾弾された教授は激怒する。

「このわたしが黒人差別をするはずがない!」

実は彼も人種的には黒人だった。ただ、並外れて色白だったため、これ幸いと人種を偽り出世街道をひた走ってきた。これ以上あらすじを書くのはやめておくが、物語の最後のほうで教授の妹がこう言うのを聞いて、目からウロコが落ちた。

「ニグロという言葉は、わたしたち昔は普通に使っていましたよ」

ちなみに、スペイン語やポルトガル語で「黒い」は「ネグロ　negro」だ。英語の「ニグロ　negro」と同じつづりであるばかりでなく、こちらのほうが本家本元、語源である。そこになんの偏見も差別的ニュアンスもない。知人のスペイン語翻訳者によれば、中南米では、英語の「ハニー」や「ダーリン」と同じように愛情をこめた呼びかけとして使われることさえあるらしい。

言葉そのものに罪はない。それぞれの言葉は、さまざまな音の組み合わせにすぎないからだ。どんな言葉も生まれたてのころは、いかなる色にも染まらず無垢な状態だったろう。それが、世の中で繰り返し使われるうちに複雑な色彩や陰影を帯びてくる。差別という、きわめて厄介な手垢がべっとりついてしまうものもある。これはなかなか洗い流せない。そうじ専門業者もお手上げのガンコ汚れで、においもひどい。しかたがないので、「禁止用語」というラベルのついた容器に入れて、しっかりとふたをする。そうして人目につかぬ冷暗所に三十年ほどもほうりこんでおけば、意外とすっきり爽やかな表情を取り戻して再デビューも夢ではないかもしれない。

しかし、先進国だの文明国家だのと威張っている大量消費社会には潔癖主義者が多いので、まだにおっていないのに「これは明日あたりにおい始めるはず」と捨ててしまったり、ほんのわずかな汚れが許せず身体も事物も無数の洗剤でしょっちゅう洗い上げたり、挙げ句の果ては、きらいな上司が手にしたボールペンを「きゃあ、不潔！」と叫んで消毒し、身のまわりを抗菌グッズで固めたり……。

こんなことをしていると、人間どんどん耐性を失って、ひ弱になっていくのではなかろうか。言葉の世界も同じ。あまり潔癖すぎると、やせ衰えておもしろみを失う。

特定の言葉を禁止用語として選別することの本質は、「政治的に正しい言葉」の当初の理念と同様に、「思いやり」だろう。人にいやな思いをさせず、お互い気持ちよく穏やかに暮らすために心をくばる。とても大切なことだ。それについて異論はない。ただ、思いやりや気遣いも、杓子定規にマニュアル化してしまうと、容易に「逃避」や「アリバイづくり」にすり替わる。しかも、大会社や役所や国家など、大きな組織ほどマニュアルを生みやすい。あるいは、自信満々で説教する「カリスマなんとか」といった、ちまたで影響力を持つ人々も要警戒。

いったんマニュアルが出来上がると、気弱でずるい個々人は、「あそこがこういうふうに決めているから、それに従っておけば、とりあえずオッケー」と安心する。たまに「これは変だな」と感じても、自信がないので遠慮して黙る。そうしていつしか、一人ひとりは内心で「変だ」と思っていることが「万民の総意」にされてしまう。それが怖い。

世間のマニュアルだけに頼り切るのもよくないし、かといって自分の個人的な感覚や考え方を他者に押しつけるのもよくない。「結局どっちなんだ、はっきりしろ」と突っ込まれそうだが、「万事よく考えたうえでほどほどに」というのがいい気がする。無責任なようだが、万能のマニュアルを得て安心しようとする態度のほうが無責任なのではないだろうか。

世の中、そうなんでも、はっきりすっきりとはいかない。ああでもないこうでもないと、迷い悩みつづけるしかない。つまり自分の頭で考えること。ありもしない絶対的な正解を求めるより、宙吊りのもどかしさに耐える訓練が必要に思える。そうすれば少しはタフな人間になって、ささいなことでいちいち、「あたしは傷ついたわ、早く癒して！」と大騒ぎすることも減るだろう。

ところで、これほど用語規制が徹底しているのに、日常よく使われる一部の罵倒語はふしぎなほど野放しなのだ。

デブ、ハゲ、バカ、アホ、クズ、カス、ボケ、ブス……。

これらは映画字幕でもしょっちゅう使っている。いいのだろうか。ぜひ今後もいいことにしていただきたい。もちろん、わたしも面と向かって「ブス！」といわれたら、それなりに傷つく。とはいえ、身のほどをわきまえているので、あくまで「それなりに」だ。

”くさくなくてもこっそりふた“
〜禁止用語をめぐって　番外編

しつこくふたの話が続く。どうせなら「われ鍋にとじぶた」といった、ほほえましいエピソードを語りたいところだが、それは本書の趣旨ではない。

ちなみに「われ鍋」は「割れ鍋」でなく「破れ鍋」と書くのが正式らしい。「とじぶた」は「閉じ蓋」ではなく「綴じ蓋」。ついでに意味も書け？　それも本書の趣旨ではないので、わからない場合は各自、国語辞典をひいていただきたい。つくづく日本語は難しい。

世の中にはさまざまな「ふた」、すなわちタブーがある。これぞまさしく「閉じぶた」。

なにしろ、うっかりしていると、あちこちからぶうぶうと文句が出るので、常に警戒《いまし》りなく、危ないものには早めにこっそりふたをする。ぶうたれブタがぶうぶう言ってくるだけならかわいいものだが、へたをするとこちらの生活が破壊されたり身の危険を感じたりという事態にも発展しかねないので、そうそう無邪気にうっかりもしていられない。われわれ字幕屋における「早めのこっそりぶた」としては、映画のせりふで「ニグロ」と言っていても字幕ではごまかす、というのがその最たる例だが、ことは用語だけにとどまらない。

二〇〇五年、難解な作品で知られるロシアのアレクサンドル・ソクーロフ監督が『太陽』という新作を世に問い、国際映画祭で高い評価を受けた。ソクーロフ作品に何本か字幕をつけている縁もあって、わたしはそのニュースに思わず身を乗り出したが、内容を聞いて情けなくも腰が引けた。主人公は昭和天皇だという。しかも、ソクーロフが力を注いでいる「二十世紀の中心にいた人物シリーズ」の一本で、先行二作はヒトラーとスターリンが主人公。

作品としては大いに興味をそそられたが、その一方で「これの字幕を依頼されたらどうしよう。うちに街宣車が来たりして……?」と、一瞬びびったことをここに白状しておく。

なんという弱腰、なんたるへなちょこ。さらに言えば、アホでもある。

というのも、主要人物は日本人ばかりなので、みんな日本語でしゃべっているはず。字幕はいらないのだった。いくら監督がソクーロフでも、昭和天皇がロシア語をしゃべったりはすまい。

この『太陽』が日本の映画館で見られるだろうか、と注視していたら、さすが蛮勇映画界、遅ればせではあるが気骨ある配給会社が現れ、めでたく二〇〇六年八月にロードショーとなった。「昭和天皇を描くことは、日本の映画界ではタブーだったが……」という配給元のコメントは切実だ。仮にも民主主義の世となっ

て六十年余。かの人はとうに故人となり、世紀も変わった現在でさえ、タブー意識が強い。

敗戦から十四年後となる一九五九年生まれのわたしには、ロイヤル・ファミリーに対する崇敬の念などまったくないが、それでも「公の言論では細心の注意を払わねば」という意識が頭のどこかに刷り込まれている。真摯な言論でもそうなのだから、かの人々をパロディやジョークのネタにするなど、もってのほか。それで日本公開を見送られたり、公開にこぎつけても問題となりそうなシーンは削除されたり、という作品が意外とありそうな気がする。たいていは水面下で決定がなされているだろうから、字幕屋を含め一般人には知るよしもないのだが、一度だけ貴重な経験をした。

正直いって、これを暴露するのは多少ためらいがある。しかし、別にだれからも口止めされなかったので書いてもかまうまい。

それは一九七三年製作の英国映画『マダム・グルニエのパリ解放大作戦』。ただし日本未公開作品なので、その当時からこの邦題がついていたわけではない。原題は『ソフト・ベッド、ハード・バトル』という。名優ピーター・セラーズが、ナレーターを含めると七役をこなす爆笑コメディだ。まさに七変化。セラーズは遊んでいるとしか思えないほどノリにノッて演じている。

舞台は、第二次世界大戦中のフランス。ナチス・ドイツに占領された花の都パリでは、マダム・グルニエが営む高級娼館の客もドイツ将校ばかりとなっている。ゲシュタポには目の敵にされ、娼館の存続さえ危うい。このままでは腹の虫がおさまらない。愛国の徒マダム・グルニエは配下の娼婦たちとともに独自の抵抗運動を開始した。柔らかいベッドに敵を引き入れ、油断させたところでグサリとやるのだ。哀れ、すけべ野郎は昇天。イクついでに逝ったのだから、それなりに幸せな最期かもしれない。

そんなハチャメチャな作品の字幕翻訳をしろと依頼が来たのは二〇〇三年の暮れだった。テレビの衛星放送で流すという。作業用のビデオを見たわたしは、思わず「おおっ！」とうれしげに叫び、にやにやしながらつぶやいた。

「ほんとに、これ放送するつもりか？　やるじゃん、〇〇〇（↑放送局名）」

なぜそんな反応をしたかというと、ピーター・セラーズ演じる七役の中身ゆえだ。その七役とは、ナレーター、フランスの将軍、英国のスパイ、ドイツの将校、ヒトラー、フランス大統領、そして……「日本から軍事視察に来たプリンス・キョウト」！

もちろん、「ナチス占領下のフランス」という設定以外はまったくの作り話、荒唐無稽なフィクションである。あらゆるエピソード、すべての人物像が、およそあり得ないような喜劇仕立てになっている。

「日本のプリンス」にしても、実在のプリンスがそのころヨーロッパを訪ねた史実はないし、だいたい名前が「キョウト」だ。「フジヤマ、ゲイシャ」レベルの、ありきたりなイメージにすぎない。純粋なコメディとして笑い飛ばせば、それでいい。それでいいはずなのだが、やはり日本で生まれ育った者としては、「おいおい、これ、ほんとにいいのか」と、つい思ってしまう。禁断の甘い果実といったところか。わたしは某放送局の英断に拍手を送りながら、ピーター・セラーズに劣らずノリにノッて翻訳し、放映日を心待ちにしていた。

ところが、というか、やっぱりというか、ある日、字幕制作の担当者から電話がかかってきた。

「あのプリンス・キョウトのシーンはすべて削除されることになりました。ついては、その前後の字幕をつじつまが合うように直してくれませんか」

拍手するんじゃなかった。がっかりだ。

確かに、いくら架空の人物とはいえ、「日本のプリンス」としては、あまりにブラックジョークがきき過ぎていた。すけべで俗物で滑稽な人物に描かれていたのだ。ただし、他の主だった登場人物もすべて似たり寄ったりで、特別にプリンスだけを貶めようという意図はない。ラストに登場するフランス大統領などは、パリ解放に功績のあった娼婦たちに勲章を授けながら、その色気にでれでれし、ついには好みの娼婦と私室にしけこむありさま。

全編が下半身中心のお下劣コメディなのである。

ゆえに、「こんな下品な映画を放映するのはやめましょう」となるのなら、まだ納得できる。しかし、特定の人物造形だけを問題視して、作品を部分的に削除するのは、なんだか納得がいかない。いくら荒唐無稽な娯楽作品とはいえ、勝手に中身をいじって取捨選択し情報を操作するのは、作り手にも観客にも失礼なことではないだろうか。

とりあえず担当者にささやかな文句と嫌味は言っておいたが、しょせん一介の字幕屋が大放送局の決定に抗えるはずもない。わたしは失意のうちに、ささっと三分ほどで字幕のつじつま合わせをやった。言葉の詐欺師たる字幕屋にとって、こんなことは朝飯前なのだ。

こうして、「プリンス・キョウト」が登場するシーンと、その前後、まとめて約十五分の映像がばっさり削除され、九十八分の映画は八十三分ほどになった。その後、発売されたDVDは九十五分らしいので、問題のシーンはほぼ復活したのだろう。ただ、もともとの「九十八分」とDVD「九十五分」の、三分の差が気にかかる。もしかして、あの最期のシーンがDVDでも削除されているのかも……。確かめるべきなのだが、その暇がない。せめてここに、テレビ放映で削除された十五分間のストーリーを簡単に紹介しておく。そうでもしなければ、マダム・グルニエ同様、腹の虫がおさまらない。

ドイツ将校昇天作戦を快調に展開していたマダム・グルニエと娼婦たちだったが、ゲシュタポの迫害がいよいよ厳しくなり、田舎の修道院へ全員で疎開する。尼僧と娼婦の共同生活というだけでも十分にややこしくて喜劇的なのだが、そこへプリンス・キョウトご一行様が現れる。車が故障したので修理かたがた休憩させてくれないか、というわけだ。かくて、文字どおりの「ご休憩」とあいなる（なぜ「ご休憩」が「文字どおり」なのかわからない人もあまり悩まずに先へ進みましょう）。

怪しげな尼僧たちのすばらしいもてなしで、たっぷりとご休憩あそばされたご一行は、別れを惜しみつつ旅路を急いだ。しかし数日後、連合軍に捕らわれる。そして、プリンス最期のシーン。これが一番まずかったのかもしれない。連合軍兵士や新聞記者がおおぜい見守るなかの「ハラキリ」だ。刀で腹をかっさばいて倒れるプリンスに、カメラをかまえた新聞記者が駆け寄って言う。「ワン・モア・タイム、プリンス（もう一回、殿下）」

確かに不敬にはちがいない。しかし、この荒唐無稽の極致を見て本気で怒る人がいるのだろうか。フィクションとノンフィクションの区別くらいつけていただきたい。ピーター・セラーズ扮するプリンス・キョウトは実在のプリンスとは似ても似つかないし、たどたどしくしゃべる怪しげな日本語も一人称が「おれ」である。

笑うしかないと思うのだが。

”読めない！“
～文脈の壁

今どき「空気を読めない」人は嫌われるのだそうだ。

わたしは子どもの時分から今にいたるまで筋金入りの鈍感なので、空気どころか人の顔色もめったに読めない。読んだつもりでも、たいてい的が外れている。さぞかし、あちこちで忌み嫌われていることだろう。

空気を読むことに力を注ぐ人たちは、他者に対して気遣いをする立派な人間にちがいない。そういう人が増えているのならば、世の中にとってたいへんよいことにもちがいない。

しかし、それなのに……というか、それゆえに、というか、映像や文脈を読めない人々が増えている。少なくとも、字幕屋稼業をやってきたなかで、そういう印象が明らかにある。日常生活で周りの空気を読むことに力を注ぐあまり、それだけで疲れ果て、映画や小説の「読み」にまで手が回らないのかもしれない。

映像や文脈を読むとはどういうことか。それは「空気を読む」とほぼ同義。昔ながらの「行間を読む」という言い方にも通じる。はっきりとストレートには示されない事柄を、言葉の端々や表情や景観のなかに察知し感得すること。あまり小難しい書き方をするとまた嫌われそうなので、もう少しあっさりしたわかりやすい例を挙げよう。

恋人に顔面をぶん殴られた女がにやりと笑って「上等じゃん」と言い、マシンガンをぶっ放す（例が極端すぎか？）。もちろん、殴られたことが「上等」なはずはない。「よくもやったな、この野郎」の心である。

あるいは、凶悪犯を逮捕して大手柄の刑事。犯人の死刑に立ち会ったのち、上司の祝辞に弱々しい笑みを返して無言で去っていく。その背中をカメラがただ追う。死刑では何も解決しないと彼が考え、虚しさにとらわれているのは明白だ。そこに、説明的なナレーションやせりふはいらない。

または、思い詰めた表情のヒロインが断崖に立って遠い目をする。清流や緑の木々や穏やかな山里暮らしの映像と、苦悩に満ちた日々のフラッシュバックがしばし交錯する。断崖ににじり寄る靴のアップ。そこに言葉はなくとも、彼女が死のうか生きようか迷っているのは明らかだ。それまでのストーリー展開からもそれは明らかだとわたしは思うのだが、いつの間にか脇に配給会社の人がぬっと現れて（おのれは妖怪か）、身もふたもないことを言う。

「あの～、ヒロインはなんで断崖に立ってるんでしょう。この二十秒間の映像は意味がよくわかりません。どこかに彼女の心情を補足してくれませんか」

どこかにって、いったいどこに？　声も文字も出てこない映像だけのシーンに、カッコつきで字幕を入れろとでも？　書物の脚注じゃあるまいし。それとも、フィルムをぶった切って、サイレント映画のように文字だけの画面を継ぎ足すか？　あり得ない。

現代は、視覚・聴覚・嗅覚・味覚・触覚の五感のうち、視覚から得る情報が突出して多いらしい。確かに、テレビやインターネットの存在は大きいし、われわれの映像を見る目は、ある意味で肥えてきている。たとえば映画の黎明期に、迫り来る列車や銃撃戦の映像を見て逃げまどった人々に比べれば、はるかに映像慣れしている。だがそれを威張れるだろうか。

列車がこちらに向かって突進してきても自分は轢《ひ》かれないということや、いくら激しい銃撃戦でも弾が自分に当たることはないと知っていることが偉いと言えるのか。むしろ、カメラに向かって放たれた銃弾に身をすくめるくらいの共感こそ大切なのではないか。映像を見る目も、いびつに肥えれば、それはただの慣れ・愚鈍である。『UDON』（二〇〇六年・日本）という楽しい映画があるが、ぜひ続編で『GUDON』もつくっていただきたい。

視覚的表現手段といえば、古い順に絵画・写真・映画・テレビとなる。優れたものは、新旧やジャンルを問わずいつまでも力を持つのは言うまでもないが、それを見る受け手の側が変質することはある。時代とともに技術が進み、映像が「リアル」に近づけば近づくほど、堕落が増す。

昔は、一枚の優れた絵画や写真にじっくり対峙して想像力を働かせることがふつうだった。写真の次に登場した映画は、映像が動くので絵画や写真より表層的な情報は豊富だ。黒光りする機関車を描いた迫力ある絵画を見て「いまにも動き出しそう」とイメージする、といった手間は必要なくなる。いちいち想像しなくても、目の前のスクリーンで機関車は動いているからだ。とはいえ、初期の映画にはまだ音声がなかった。

その後ほどなく映画は音声を獲得する。「トーキー」の到来。それまで、見た目の美しさやかっこよさだけで勝負できた俳優たちは、声の質やセリフ回しの得手不得手で淘汰されていったという。見る側にとっては、映像だけでなく音声という豊富な情報が加わり、ますます労せずして映像を楽しめるようになった。このあたりから「見る側の堕落」が加速していったのではないかと思うのだが、それでもまだ映画は映画館に足を運び、安くない料金を払って見るものであり、非日常的なイベントだった。

そしてついにテレビという、功罪てんこ盛りのすごいシステムが誕生し、世界を席巻する。家にいながらにして、スイッチを入れさえすれば映像と音声を際限なく浴びることができるのだ。映画好きが映画館に通うのとは比べものにならない。もちろん、テレビはニュース・ドラマ・バラエティ・スポーツ・ドキュメンタリーなどなど、扱うジャンルは幅広いし、ここで「テレビ論」をぶつつもりはない。日常的に、世界の動向を知る情報源として、あるいは暇つぶしとして、わたしも大いに利用している。特にニュースは必須だ。ついでにドラマもよく見る。いい社会人が仕事をほっぽらかして恋だの自分探しだのにうつつをぬかすドラマは嫌いだが。ともあれ、「映像を読む力」をガタ落ちさせた主犯は、テレビではないだろうか。それに追随したという意味では映画も共犯なのだが。

一九九五年に大ヒットした米国映画『フォレスト・ガンプ　一期一会』をご存じのかたは多いだろう。日本でも観客・批評家を問わず総体に絶賛の嵐だった。

ところが、果敢にもこれに噛み付いた人がいた。どういう場での発言だったか記憶が定かでないのだが、その言葉だけは忘れられない。

「あんなの、紙芝居じゃねーか」

要するに、「ナレーションに頼りすぎている。映像や演技だけで勝負していない」というのだ。わたしは心の中で小さく拍手を送った。

ナレーション、すなわち「語り」。登場人物がその場でしゃべるせりふとは別の、説明的音声である。映画の主人公やその周辺にいる人物の回想というかたちをとることが多い。この手法が近年やたらと増えてきたように感じる。おかげで字幕の量も増えて困る。

ただでさえ、せりふそのものが増えているのだ。昔の映画の登場人物は総体に寡黙だった。ソフト帽を目深にかぶり、「ふっ」とかすかな冷笑を口元に浮かべ、かっこよく去っていったものである。だれかと差し向かいで飲んでいても、相手の言葉に五秒くらいの間を置いてウイットのきいたせりふを一言ぼそっと返す。相手もまた、にやっと笑って三秒くらい主人公の顔を見つめたのち、ぽつりと何か言う。

　このくらいのペースで全編が進行してくれたら、一時間半の映画で字幕の数は六百くらいで済むのだが、いかんせん現実はその二倍、へたをすると三倍になる。なにをそんなにしゃべりたいのか。沈黙が怖いのか。とにかく、みんなよくしゃべる。せめて順番に一人ずつしゃべってくれると助かるのだが、二〜三人が同時にわめきたてることも珍しくない。こうなると字幕屋はお手上げである。

おしゃべりな登場人物たちも、一人のシーンのときはふつうしゃべらない。たまに独り言をぶつぶつつぶやき続ける人もいるが、それは特異な性格付けがなされているということで例外としよう。

さて、主人公が独り暮らしの住まいへ帰ってきた。あるいは、だれもいない荒野に立ちつくしている。そういう場面に来ると字幕屋はほっと一息つく。「よし、当分こいつはしゃべらないから字幕も必要あるまい」。ところが、ここぞとばかりに「語り手」が出しゃばってくる。ご親切にも、沈黙する主人公の「心の声」をだらだらと語り始めるのだ。こういうのが最も忌むべきナレーションと言えよう。まさに紙芝居。沈黙を恐れているのは、主人公ではなく、映画の作り手だ。最近ブームの「もったいない」精神なのか。音楽も言葉も聞こえてこない無音の時間は「もったいない」と？　沈黙のなかで風景や表情のかすかな動きに目をこらすことも大切だと思うのだが。

かくて、最初から最後まで字幕だらけの、目も心も疲れる映画がちまたにあふれることとなる。「字幕がたくさんあれば、字幕屋さんはもうかってけっこうなことでしょう」と言うなかれ。字幕の数と翻訳料は関係ない。字幕の料金は、映画の長さで決まる。せりふが多くても少なくても、計算は同じなのだ。

いや、だからナレーションはけしからん、などと言っているわけではない。いい映画は、いかに苦労が多くてもやりがいがあって楽しいものだ。「せりふが多いと料金的に割安になって損だ」なんて、そんなえげつないことはけっして思ったりしない、というのはうそで心の片隅でちょっとだけ思うが、ほんのちょっぴりである。

効果的でおもしろいナレーションも確かに存在する。皮肉やウイットがきいていて、それ自体が一編の優れた小説のような味わいを持つナレーションは、読んでいて楽しい。ひねった表現が多いので読解も翻訳もたいへんなのだが、それでも楽しい。

武器商人をニコラス・ケイジが演じた『ロード・オブ・ウォー』(二〇〇五年・米)のナレーションなど実に痛快だった。ほかにも、ユーモアたっぷりだったり毒舌満載だったり、じっくり読むぶんには大いに楽しめる力作ナレーションは多い。それでも、ふと思ってしまう。映画として、そのナレーションは本当に必要不可欠なのだろうか、と。もっと映像芸術ならではの表現方法があるのではないか。まして、映像力や演技力や構成力の欠如を補うためだけのナレーションなど噴飯の極み。

作り手としては「観客の理解を助けよう」という親切のつもりなのだろうが、それは過保護というものだ。観客も鍛えられなければならない。手取り足取り上げ膳据え膳では、ひ弱になるばかり。ひ弱になれば、さらなる手助けが必要になり、いよいよ甘やかすこととなる。わかりやすさ追求の悪循環が世の中を覆っている気がしてならない。

”読めない！“
～教養の壁

くどくど説明せず、最小限の的確な映像と言葉によって、その背後にあるものを読み取ってもらい、総体として見る側の心を動かす。これが映像作品のひとつの理想ではないだろうか。もちろん、すべての作品をそう小難しく考えることはない。「死ぬほど笑いました」でも「十年分泣いてすっきりしました」でもいい。それはそれで意味があるし、特別な知識がなくても安心して気楽に鑑賞できる作品は、世の中に必要だ。

ただ、字幕屋をやっていると、「ここがわかりません。あれがわかりません。もっとわかりやすくしてくれないと困ります」としょっちゅう言われるのでイライラしてしまい、「ええい、この程度のことくらい知っとけよ！」と、つい腹の中で毒づく。

自分も知らないことは山ほどあるのだから、たまたま知っていたからといって、知らない相手を罵倒・嘲笑するのは傲慢だと思いつつも……。

「教養」とか「常識」という言い方がある。それを知っていないと笑われてしまう、というような「共通認識」だ。しかし、そういう約束事はすでに崩壊している。前項で、表情とか言葉のニュアンスを読む力が低下していると嘆いたが、外国映画を翻訳しているともっと厄介な壁がしょっちゅう立ちはだかる。歴史的に有名な映像や言葉が、「これくらい皆さん当然ご存じでしょ」とばかりに、何の説明もなく挿入されるときだ。

それなりの文明国で、ひととおりの義務教育を受け、日常ごく平均的に新聞・ラジオ・テレビなどに接していれば、たぶん「ご存じ」のはずの事柄であっても、もはや通用するとは限らない。「これって、なんですかぁ？」と無邪気に聞かれて脱力するだけだ。それも無理はない。これほど世の中に情報が氾濫していたら、常識も共通認識もへったくれもあるまい。同好の士でつるむ以外、「知的に」満足できる道はないのかもしれないとさえ思う。

いま映像だけで、だれもが「ああ、これね」と認識できるものは、どれくらいあるだろうか。たとえばヒトラーの顔。これはまだ有効だろう。モンローやプレスリーも十分いける。しかし、スターリンやチャーチルの顔となると、認識の格差がどっと広がる。広島に投下された原爆のキノコ雲はわかってもらえるだろう。いま現在ならフセイン像の引き倒しや9・11のツインタワー崩落の映像も説明不要のはず。しかしこの先いつまで有効かは予断を許さない。ベルリンの壁崩壊の映像などは、そろそろ危うい。信じられますか。

有名な言葉ではどんなものがあるだろう。リンカーンの「人民の、人民による、人民のための……」。ナポレオンの「余の辞書に不可能という文字はない」。キング牧師の「わたしには夢がある」。聖書のヨハネによる福音書の冒頭「はじめに言葉ありき」。シェイクスピア作品に出てくる名せりふ。思いつくまま書いてみたが、だんだん不安になってくる。

こんな話を数年前に漏れ聞いた。シェイクスピア劇を現代ふうにアレンジした映画を見た青年たちが、「ところでさあ、シェイクスピアってだれだっけ？」と話していたというのだ。こうなるとチェーホフもブレヒトも撃沈必至。ましてキング牧師の演説は、前後に解説を入れないとどうにもなるまい。

映画の登場人物がせりふのなかで有名な言葉を引用している場合は、字幕でも引用符（“ ”）をつけるので、「なにか有名な文句なのだな」とわかってもらいやすいが、本物のニュース映像や音声が説明抜きで映画のなかに挿入されると話がややこしくなる。

前述のキング牧師の演説など、字幕屋稼業二十余年のなかで何度遭遇したことか。そのたびにひやりとさせられる。もちろん米国民ならほとんどの人が知っていよう。だが日本の観客はどうか。米国の黒人差別撤廃を求める公民権運動に寄与したキリスト教の牧師が、一九六三年の「ワシントン大行進」で行った感動的な演説なのだが

……。

この演説を映画に挿入するときの意図は、大きく分けてふたつある。

ひとつは、映画そのものが人種差別をテーマにしていて、「こういうすばらしい演説があったのですよ」と伝えるもの。もうひとつは、「この映画の時代設定は一九六〇年代前半ですよ」と、時代を示すためのもの。

困るのは後者だ。表彰状授与式のように、本文を読んだあと「(~よってここに表します)一九九八年十一月九日、総理大臣なんとかなにべえ」などと読み上げてくれればありがたいが、演説ではそうもいかない。結局、映画を見る人の「教養」に頼ることになる。字幕のどこかに字数の余裕があるときは、たとえ実際のせりふで言っていなくても、こそっと「説明的語句」を入れることができるが、それはよほどラッキーな事例だ。

このように、その国(地域・文化圏)ならではの映像・言葉というものがある。その国の人々にとってはまったく説明がいらないおなじみの映像や言葉でも、それ以外の国の人間にはわかりにくい。作品を国内だけで公開するぶんにはどうぞご自由にだが、世界市場で売る気があるのなら、もうちょっとどうにかしろよ、あまりに不親切じゃないか、と思ってしまう。「この程度のことは知っとけよ」という前述のボヤきとは矛盾するのだが、これも字幕屋の正直な悩み。

もうひとつ例を挙げてみる。ここに一本の日本映画があるとしよう。老人と孫の交流を描いたもので時代設定は現代だが、ときどき老人のこれまでの人生が回想として挿入される。そのひとつとして「玉音放送」の映像が出てきたとしたらどうだろう。

たぶん日本に暮らしていれば、全員とはいわないまでも、大多数の観客にとって説明不要の映像と音声のはず。「ああ、昭和二十年八月十五日の敗戦の日だな」と。そうわかってもらえれば、その後の回想が「敗戦後」だということもすんなりわかる。

しかし、これを海外に輸出したら、そんな共通認識など期待できない。「忍びがたきを忍び……」という声が聞こえてきても、そんな断片的な音声を直訳しただけではなんのことやらわからない。そこで、海外の配給会社スタッフが翻訳者に言うことになる。「もっとわかりやすくしてください」。現地の翻訳者はさぞうめくことだろう。

つまり、われわれ字幕屋は、「忍びがたきを忍び」というせりふに「日本は戦争に負けました」という翻訳をつけろと言われているに等しいのだ。これで悩むなというほうがおかしい。こうしたものはもはや通常の意味での翻訳ではない。意訳とさえ言えない。「すりかえ」とか「ごまかし」と呼ぶべきだろう。しかし、そのまま正直に訳したのでは観客が意味をまったくつかめず、その後の物語を理解するのにも支障が出る場合は、心の中で「ごめんなさい」と手を合わせ、いささか乱暴ともいえるアクロバティックなすりかえをやる。

こういう処理が正しいのか否か、正直よくわからない。あくまでケース・バイ・ケースだ。その映画を最低限わかってもらうために、どうしても必要なときは、必要悪と自覚しつつやる。ただ、あまり細かいところまでは出しゃばりたくない。そもそもストーリー展開も映像もせりふも、作り手の意図すべてを完璧にわかる必要などないのではないだろうか。

映画に限らず、小説や詩や絵画や彫刻でも同じことが言える。受け手が自分なりに何かを感じることができればいいはずだ。比喩や暗示が少しくらいわからなくても死ぬわけじゃなし、専門の研究者の間ですら解釈が異なることは多い。

ひとつの作品に対して万人がまったく同じ理解をするほうがよほど不気味だろう。

〝読めない！〟
～流行の壁

知識格差が広がっているのは、いわゆる教養の分野だけではない。そのときどきの流行も字幕屋にとって手ごわい敵だ。流行や趣味の分野では、「これを知っていなければ笑われてしまう」という基準が千差万別。個人の嗜好や生活様式によってまったくちがってくる。

基本的には、その映画がどういう客層をターゲットにしているかを読んで翻訳方針を決定する。その方針を正しく理解して翻訳しないと、それこそ笑われることになる。

昔、スケボー（スケートボード）が日本で流行し始めたころ、それを当て込んで発売されたスケボー映画のビデオが何本かあった。ある翻訳者は「みんなにわかりやすく」を心がけるあまりスケボー・テクニックなどの用語まですべて「日本語」に翻訳し、失笑を買ったという。そういう用語は英語をそのままカタカナ書きするほうが好まれるのだ。

翻訳者の志はよくわかる。その人はこう考えたにちがいない。「専門用語をただカタカナ書きしただけでは、一般のお客様の大多数には理解不能だろう。きちんと日本語的表現に置き換えたほうが絶対にわかりやすい」。正論である。ただ、「こんなビデオはスケボー・ファン以外ほとんど見ない」ということを理解しなかったのが、その翻訳者の唯一の過ちだった。

人を笑ってばかりもいられない。わたしも、今どきの流行には疎いほうだ。最近のヒット曲や人気ミュージシャンは、日本・欧米を問わずあまり知らないし、「ブランド」をはじめとするファッションにも弱い。

もう二十年近く前のことになるが、ファッションを扱ったドキュメンタリー映画で、「アニエスベー」を「アグネスビー」と書いてしまい、大恥をかいたことがある。女性誌やファッション誌の新聞広告にはまめに目を通していたのだが、「アニエスベー」が「一般常識」になるかならないかの微妙な時期だった。まあ、これは言い訳にすぎない。ファッションに詳しい人にとっては常識中の常識だったろう。以来、「オオタにファッション系はＮＧ」という烙印を押されてしまった。いまもブランドにはまったく興味が持てない。

ファッションに劣らず、音楽もかなりの鬼門だ。繰り返し聴いて心に刻み込まれた曲というのは、人生において特別な意味を持つ。ほんの数秒のイントロを聴いただけで、歌詞もメロディもミュージシャンも時代も、あらゆることが走馬灯のように蘇る。そういう曲が映画のなかでふいに流れてきたら、うれしいものだ。なのに、その曲がそこで流れる意味を翻訳者がまるで理解せず、字幕に何も反映されていなかったら、観客は不満を募らせるにちがいない。そうはいっても、古今東西すべての有名曲を知っておけというのはどだい無理な話。

わたしにも心に刻み込まれた音楽というものはある。ファッションほど無知なわけではない。ただ哀しいかな、ラインナップが古い。ジェネレーション・ギャップというべきか。

そんななか、二〇〇三年に翻訳した米国映画『スクール・オブ・ロック』は痛快だった。中年のロック野郎ジャックが身分を偽って一流校の代用教員となり、おりこうな小学生たちにロックを教えようとするのだが、最初は彼の「常識」がまったく通用しない。「好きなミュージシャンはだれ？」と聞いても、返ってくる答えはジャックにとってどうでもいい人気歌手ばかり。「いや、そういうのじゃなくて、たとえばレッド・ツェッペリンとかピンク・フロイドとか……」と言っても、小学生たちはぽかんとしている。曲はおろかグループ名すら聞いたことがないらしい。ジャックは思いあまって叫ぶのだった。「いったい学校でなにを教えてるんだ！」

米国映画を翻訳しているとしょっちゅう行き当たるのがプロスポーツのチーム名だ。野球、バスケット、（アメリカン）フットボール、次いでアイスホッケーといったところ。そのスポーツをテーマとして扱っている映画ならともかく、そうではない作品でも日常会話のなかで唐突にチーム名が出てくるから始末が悪い。

いまは野球のメジャー・リーグで多くの日本人選手が活躍しニュースでも大きく取り上げられているので、たとえば「ヤンキース」とか「ドジャース」と字幕で出せば「あ、野球の話ね」とわかってもらえるだろうが、どのチーム名でもそうとは限らない。ましてバスケット（NBA）やアメフト（NFL）のチームとなると、日本での知名度は著しく下がる。そういうときは、せりふで言っていなくても字幕で「バスケのブルズが」とか「アメフトのジャガーズが」と最初にスポーツ名をできるだけ忍び込ませる。

なにしろたいていの場合、前置きなしにそうした会話が始まってしまうので、字幕で注釈をつけないことには話についていけなくなる。日本映画で登場人物が「ところで今夜、阪神は勝った？」とか「朝青龍、相変わらず強いよね」と唐突にしゃべりだすのと同じ。これに外国で字幕をつけるなら「今夜のプロ野球、阪神は勝った？」「スモウ・レスラー朝青龍は強いね」となるだろう。

ヨーロッパ映画ではサッカーの話が多い。これにもわたしは疎くて、いつも冷や汗をかく。近年、日本でサッカー・ファンは大増殖しているので、うっかりおかしな字幕をつけたらバッシングの嵐だ。そこで、わからないことは、たくさんいるサッカー・ファンの友人知人に教えを乞うことにしている。人気が出てファンが増えると、こういうとき便利だ。

サッカー絡みの字幕で最も思い出深い映画のひとつに、旧ユーゴの内戦を絶妙のユーモアで切り取ってみせた傑作『ライフ・イズ・ミラクル』（二〇〇四年・フランス／セルビア＝モンテネグロ）がある。主人公の息子が有望な若手サッカー選手という設定で、あるとき母親が有名監督に息子の売り込みを図る。

ところが、それがひどくトンチンカンで、いきなり「人生は舞台……」とシェイクスピアのせりふを引用し、「これはだれの言葉でしょう」と監督に謎をかけたりする。文学的素養のない監督は「シェイクスピア」という正解を聞いても、「それはプレミア・リーグの選手？　聞いたことないなあ」と、これまたトンチンカンな返答。

この「プレミア・リーグ」という言葉で字幕的につまずいてしまった。わたしはシェイクスピアが英国の作家だということを踏まえて、「英国リーグ」という字幕をつけたのだが、DVD発売元に「これはプレミア・リーグにしてください」と訂正された。「プレミア・リーグ」というだけで「英国」だとわかるらしい。わたしにはわからなかった。ここが悩ましいところ。わたしが知らなくても世間の大多数の人が知っているなら逆らう気はないのだが……。

ついでにいうとそのリーグは、「英国」ではなく「イングランド」のものなので、「英国リーグ」という書き方は二重にまちがっていたことになる。しかしさらに調べてみると、「プレミア・リーグ」というのは各国の最上位リーグをさす言葉で、イングランドとは限らないらしい。日本のJリーグも英語で書けば「ジャパニーズ・プレミア・リーグ」なのだとか。結局どうしたらよかったのだろう？

字幕屋の悩みは深い。

要は、どこに「知識の基準」を設けるかなのだが、知識の格差も多様さも広がる一方だ。映画の観客全員に納得・理解してもらえる字幕が理想でも、現実にはあり得ない。

せめて「最大公約数」に限りなく近づこうと、字幕屋は今日も世間を漂流する。けれども、たいがい座礁する。

”押し読ませ“

映像や文脈が「読めない」のも困るが、親切ごかしの「押し読ませ」はもっと困る。少しくらい細部がわからなくても何かを感じ取れればいいはずなのだが、作品を提供する側が「これはこういうふうに読んで、ここで泣き、こういうことに感動するのが正しいのですよ」と、まるで取扱説明書さながらに、余計なお世話をしたがるのだ。

以前からこういう手合いはいたが、近年は会社を挙げて余計なお世話に邁進《まいしん》する例が目立ってきた。もちろん動機は、売るためである。つまり需要があるということだ。なにしろきょうび、「涙」と「感動」と「泣ける」は最上の宣伝文句。

ある日、路上で聞こえてきた若者二人の会話が忘れられない。

「週末、どうしてた？」

「映画、見に行ったよ」

「へえ、どんな映画？　泣けた？」

「うん、まあよかったけど、泣くほどじゃなかったな」

「えー、映画見て泣かなきゃ意味ねーじゃん」


そう、「意味ねー」のである。

推理小説ですら「いちばん泣ける」が売りになる昨今、配給会社が涙を求めて血道をあげるのも当然といえば当然だ。ひねくれ字幕屋はこういう風潮が大嫌いなので、しばしばクライアントと衝突する。もちろん、こちらは「お仕事をありがたくちょうだいしている身」ゆえ、可能な限り先方の意図に沿うよう妥協に努め、必死で折衷案を提示する。大枚をはたいて映画を購入・宣伝し、大きなリスクをしょって劇場公開する配給会社に比べれば、字幕屋など単なる下請けの一個人。最終決定権は配給会社にあると考えざるを得ない。そんなわけで、不本意ながら妥協した悪夢のような字幕が、わたしの背後に屍のごとく累々と……。

たとえば、こんな例がある。映画のクライマックスで、死を決意した兄がかわいがっていた妹との別れ際に、死の決意を隠したまま「バイバイ」と言い、少し間を置いてもう一度、思いを込めて「グッバイ」と言うシーンがあった。

従来の字幕屋ならば、「バイバイ」だの「グッバイ」だの、聞けばわかるようなせりふにいちいち字幕はつけない。余計なお世話だからだ。ただ、きわめて重要で印象的なシーンだし、兄と妹の顔がアップになっているので、字幕が出たほうが見る側も安心かなと思い、「バイバイ」「さよなら」と入れてみた。

すると、配給会社から注文が来た。「ここは聞けばわかるせりふなので字幕はやめましょう」という注文なら喜んで応じただろうが、さにあらず。先方は、こうのたまったのだ。『僕の大切な妹』『さよなら』という字幕にしてください。ここは泣かせどころですから」

恐れていたことがついに現実のものとなった。必殺「泣かせ操作」だ。

「バイバイ」という英語が「僕の大切な妹」という日本語に化けてしまう恐ろしさ。

どこに「僕」という単語がある？

どこに「大切な」という単語がある？

どこに「妹」という単語がある？

「バイバイ」は「バイバイ」だろう。甘ったるいせりふにすりかえるより、今生《こんじょう》の別れなのに「バイバイ」としか言えない兄のつらい心情や微妙な表情をこそ読み取るべきではないのか。そこまで介入する必要がどこにある。

もうひとつ、「バイバイ」で思い出すことがある。ずいぶん昔のことで、題名はおろか、どんな話だったのかもまるで覚えていないのだが、字幕制作担当者とのやりとりだけは妙に鮮明に覚えている。それだけ驚いたということだろう。

映画のラスト、青年がビルの屋上の手すりだったか上層階の窓枠だったかにぶらさがっている。犯してきた数々の罪が暴かれて追い詰められ、すでにあきらめの境地だ。しがみつく指もしびれて限界にきている。最後に、こちらを見つめる青年の唇がかすかに動く。しかし何も聞こえない。そして次の瞬間、彼は指の力を抜き静かに落下していく。THE　END。

なかなか印象的なラストシーンだった。字幕の仕上がりも全体にまあまあ悪くない。よし、これでいっちょ上がり、お疲れさまでした、と帰ろうとしたとき字幕制作担当者が言った。

「ねえ、ラストに『バイバイ』って入れない？」

「は？」

「だから、唇が動くところに字幕で『バイバイ』って」

「いや、でもどんなにボリュームを上げても何も聞こえませんよ。台本にも何も書かれてないし」

「それはそうなんだけどさ、唇が動くから見てると気になるし、なんか一言入ってたほうがラストシーンとしてドラマティックじゃん」

「じゃん」って言われてもなあ……。

困惑した字幕屋は抵抗を試みた。

「あの唇の動きは『バイバイ』って言

ってるように見えますか」

「うーん、それはわからないけど、でも気になる」

確かに、罵倒語などをわざと声に出さず、口の動きだけで伝えるという手法はときどき映画に出てくる。たとえば、「あの女はふだん上品ぶってきまじめなキャリアウーマンを演じてるけど、裏じゃすごいんだぜ。みんな陰ではこう呼んでる、〇〇〇」。

この「〇〇〇」のところは声に出さず、大げさな口の動きのみで伝える。上下の唇を一瞬合わせたのち離して口を横に引き絞り、次に上下の歯を合わせて唇を突き出す。

こう文章で書くとどうにもわかりにくいが、話の流れと口の動きで英語圏の人ならまずピンとくるはずだ。正解は、「ビッチ bitch（雌犬・アバズレ）」。

ごくありふれた罵倒語である。日本でも、英語がある程度得意な人ならわかるだろう。

しかし観客の大多数にわかってもらえるとは思えないので、こういうときはしかたなく字幕で出す。声は聞こえてこないのでカッコをつけて「(アバズレ)」などと。英語台本にもカッコつきで「(bitch)」と載っている。「英語圏以外の人にはわかりにくいでしょうから、ちゃんと字幕で補ってくださいね」という米国の映画製作者側の配慮だ。当然これは無視できない。

しかし、ビルから落下する青年のかすかな唇の動きは、これとは話がちがう。そこでまた字幕屋はしつこく抵抗を試みた。

「気になるのはわかります。わたしも気になります。でもここは敢えて、見る側の自由な解釈に委ねたほうがいいんじゃないでしょうか。『バイバイ』ではなく、『ごめん(sorry)』かもしれません。いや、この青年のひねくれた性格からすると『goddamn(ちくしょう)』とか『shit (くそ)』、うっかりすると『fuck (……)』なんて可能性もありますし」

焦るあまり字幕屋の挙げる例はどんどん下品になってゆく。

これが逆効果だったか、字幕制作担当者はきっぱりと言った。

「いや、それじゃだめだって。ラストシーンだもん。ラストは感動と涙で締めくくらないとまずいわけよ。よし決めた、『バイバイ』でいこう!」

せりふがまったく聞こえないところに字幕を出すか否かという字幕屋の良心的問題は、すでに吹っ飛んでいた。感動と涙を誘うためにどうすればいいか、担当者が考えていたのはそのことだけだったのだ。もちろん「売る」ために。

あの映画がビデオで発売されてのち、ラストシーンの字幕「バイバイ」が売れ行きに貢献したかどうかはわからない。おそらく大差なかったろう。

もちろん、こういうこともゆるがせにできないのは確かだ。あらゆる細部を慎重に演出してこそ「売れる作品（ヒット作）」が生まれる。なんといっても売れなければ会社は立ちゆかない。慈善事業ではないのだ。収益を上げるためになにをどうすべきか必死に考え、やれることはすべてやりつくす。商売である以上、そうした姿勢は正しい。

けれども、やりすぎは困る。

自分たちが売ろうとする作品をきちんと理解し評価することが前提ではないだろうか。なにかを売るというのは、その商品を大切に扱うということのはずだ。商品の価値や意義をろくに知らぬまま、うそやごまかしだらけの売り文句を駆使し、とにかくたくさん売れればオッケーという姿勢はおかしい。

”売りたい！
～胃痛編“

売り手のうそやごまかしに少なからず迎合してきた字幕屋は、痛む頭でこう自問する。

「売れる映画が偉いのか？」

確かにある意味、偉い。売れれば会社がもうかって経営状態は安定し社員が路頭に迷わずにすむ。そのうえ、もうけで今後もいろいろな映画を買い付けて公開すれば、たくさんの人を楽しませることができる。配給会社だけでなく映画館やＤＶＤ発売元など、関係する組織・個人も潤う。

ただし字幕屋は映画が当たってもコケても同じギャラである。印税のようなわけにはいかない。ともあれ各方面いいことずくめで、売れる映画はかなり偉いのだという結論になってしまう。なんとなく悔しいが、資本主義社会である以上、否定しがたい事実だ。

とはいえ、売れる映画が優れた映画とは限らない。もちろん、この「優れた」という語をどう定義するかにもよる。経済至上主義者や拝金主義者なら迷いなく「売れる=優れている」となるのだろう。逆に、映画を芸術作品として評価する場合でも、どういうものが優れているかは人によって評価が異なる。

わたしは経済学者でも映画評論家でもないので、難しい理屈をこねるつもりはない。ただ、言いたいのはひとつ、「せっかくいい映画を買い付けてきたのに、売るためにおかしなねじ曲げ方をしないでくれ!」ということだ。

サルでもわかるような単純なつくりのアイドル映画なら、売るためにいくら操作してくれてもいい。こんな言い方は差別・偏見だろうか。しかし、そういう映画は作り手もひたすら「売らんかな」の精神なので、お互いさまだろう。それどころか先方も積極的に「そちらの国で売れるように、いかようにもいじってください」と揉み手をしながら言うにちがいない。なにしろ、国内公開用と海外輸出用のふたつのバージョンをつくることも珍しくないのだ。ときには結末がちがうことさえあるらしい。まさに「売れてナンボ」である。

守りたいのは、もっと別の映画だ。監督やプロデューサーや脚本家や俳優たちが万難を排し、心血を注いでつくった映画。「こんな地味な話、ウケませんよ。全然商売になりません」とあちこちで言われつつも、意地で撮り上げた映画。

むやみに美化するつもりはない。根性だけで映画はつくれないので、さまざまに妥協はしたはずだ。作品に惚れ込んだ敏腕プロデューサーが、「もうかってナンボ」の出資者を巧みにだまして資金を調達したのかもしれない。それはいいのだ。いいのか？　とりあえずいいことにしないと話が進まない。

すばらしい映画を発見して「ぜひこれを日本でも紹介したい」と考え、経営的リスクをにらみつつ買い付けを決意する良心的な会社はたくさん存在する。そうではない会社も、もちろんたくさん存在するが、それはこの際、わきに置いておこう（日々頑張ってもうけ主義に邁進していただきたい。明日の日本経済はあなたたちの手にかかっている、ファイト！）。

そんな会社はどうでもよろしい。悩ましいのは、良心的で志高いはずなのに、時たま唐突に売るための字幕操作を要求してくる会社だ。せっかくいい映画を買い付けてきたのに、ぶち壊しである。前項で書いた、英語の「バイバイ」が「僕の大切な妹」という字幕に化けてしまった例もそうなのだが、配給会社側が自分に都合よく（売りやすいように）作品を解釈しようとしたため、本来の趣旨がねじ曲げられてしまうことがある。

ついこのあいだも、「売りやすさvs.本来の趣旨」で、壮絶なバトルを繰り広げた。おかげで担当者から連絡があるたびに過敏性胃腸症候群でトイレに駆け込むはめになった。

まあ、担当者もさぞかしくたびれたろう。けっして石頭ではないのだが、会社の意向を背負っているのでそうそう字幕屋ごときに説得されるわけにいかない。担当者ひとりの一存で妥協できないことは察して余りある。そんなわけで、可能な限りこちらが妥協したのだが、どうしても譲れない箇所もいくつかあった。それは、こういう映画である。

ある国の独裁政権下で反体制活動に走った若者たちがいた。彼らは理想に燃えて闘っているのだが、銀行強盗や暴行や密輸や銃器の不法所持・使用など、やっていることは明らかに犯罪行為である。ただ、彼らが逮捕され見せしめのために死刑となったことで、「それはあんまりじゃないか」と世論が盛り上がり、処刑に公然と異議を唱える者も出てきた。とはいえ独裁体制はほとんど揺らがなかった。史実を基にした物語だ。

社会派映画としての要素もあるが、一見して青春群像の色彩が濃いように思った。若者たちの行動はかなりマヌケであり、めちゃくちゃである。理論派のメンバーが専門用語を駆使して理念を語りはするが、総体に表層的だ。むしろ、スリリングな冒険として反体制活動を楽しんでいるふしさえある。映画の作り手も、時代背景の説明には熱心といえず、太く短く熱く人生を駆け抜けた若者たちの青春そのものに焦点を当てているようだった。かつて学生運動に燃えた世代がこの映画を見たら、若者たちのむちゃぶりに甘い郷愁を呼び起こされるかもしれない。そんな映画である。

ところが配給会社の意向はちがった。主人公たちを殉教聖人のごとき悲劇のヒーローに仕立てたがったのだ。なぜなら、そのほうが「わかりやすい」ので。つまり、感情移入しやすく、涙を誘いやすい、というわけだ。

字幕で最後まで意見が対立したもののひとつを挙げよう。

助かるのをあきらめた主人公が自嘲的な言葉を吐いたとき、支援者がむっとしてこう叫ぶ。

「このためにおれたちはすべてを捨てたんだぞ！」

要するに「ふざけるな。お前を支援したがために、こっちもとばっちりを受けてるんだ」とキレてしまっているのだが、配給会社は「理想に燃える人々がガキっぽくキレるのは困る」と考えたのか、こんな代案を提示してきた。

「お前のためにわれわれはすべてを捨てる覚悟だ」

これではあまりに意味がちがいすぎる。キレるどころか雄々しい決意表明ではないか。「お前を救うためなら、こっちもすべてを捨てて闘うぞ」と。確かにそのほうが「感動」しやすい。理想に燃える悲劇のヒーローの周りには立派で正しい熱血漢ばかりがいなくてはならないらしい。しかし、実際には「捨てる」という単語は過去形なので、どう考えてもその解釈には無理があった。

よくあることなのだが、おかしな代案を出してくる相手というのは、ひとつのせりふだけにこだわって、前後の流れを考慮しない。別項で書いた「文脈を読めていない」というやつである。この場合でいえば、ふだんは冷静な支援者がなぜここで珍しく声を荒らげたか、その原因を見落としている。主人公の青年があきらめ気分で自嘲的なせりふを言ったがためなのだが、その流れをつかめていない。わずか二秒前のせりふなのに……。

ひょっとして居眠りをしながら字幕チェックをしていて、そのせりふの直後にふと目覚めたとか？　まさか。いや、あり得る。みんなほんとうによく働いているのだ。疲労の極致で目を真っ赤にしながら字幕チェックをすることなど日常茶飯事。

せりふというのは単独で成り立つものではない。相手がなにを言ったかによって、自然と引き出されてくるものだ。相手の言葉にまったく影響されず、ただ己の感情や信条を一方的に表明するだけでは、対話とはいえない。もちろん、わざと対話にズレを持ち込む不条理劇もおもしろいが、それはまた別の話。

生身の人間は状況によっていくらでもブレる。偉人と持ち上げられる人も例外ではない。だれもが愚かしい部分やずるい部分を持っているはずだ。当然、たまにはキレる。キレないまでも腹の中で「こいつめ」と思う。「いい映画を守りたい」などと偉そうなことを言いつつギャラが少ないと「ちっ」と舌打ちをする（それはわたしだけか）。

あるいは、やるべきことをわかっていながらついつい楽なほうへ流れてしまう。声を上げるべきときにひよってしまう。それが生身の人間だろう。こうした当たり前の認識が、映画の登場人物の性格設定で通用しない理由は明白だ。いわく、「そんな複雑な人間的ブレは、売るために邪魔だから」。

　例として挙げた字幕の代案バトルを繰り広げているとき、あんまりむかむかするのでメールで同業者に愚痴ったら、こんなうれしい返信がきた。「お気持ちお察しします。わたしもよくそういう目に遭います。まったく、あの人たちはなにを考えているのやら。わかりやすいヒーローをお求めなら、もっとお気楽な映画をお選びになればよろしいのにねえ」

　わかりやすいヒーロー・ヒロインとわかりやすいストーリー。幼児向けの絵本じゃあるまい

し。しかし、わかりやすいものが好まれるのは映画や小説だけでなく社会全体の傾向に思えるので、これに抵抗するのはなかなかハードだ。政界さえ「劇場」と呼ばれ、児童劇さながらのたいへんわかりやすい言動に支持が集まる。

同じ作品で最後まで意見が対立した字幕の例をもうひとつ挙げておこう。

映画のラストで、物語を総括するようなナレーションが流れる。「彼の死は無駄ではなかったと思う。わずかでも声を上げる人々が出てきたのだから」という内容だ。そして、「これはこの国にとって大きなことである」と続く。問題はこの最後の部分。

わかりやすく、かつドラマティックに仕立てたい配給会社はこんな代案を出してきた。

「この国は大きく変わったのだ」

ヒーローは華々しい功績をあげるべきである、ということらしい。気持ちはわかるが、実際にその国は全然変わらなかったのだ。前述の簡単なあらすじにも書いたように、青年の処刑で一部世論が盛り上がりはしたが、独裁体制はほとんど揺らがなかった。

繰り返すが、これは史実に基づいた映画である。完全なフィクションならまだしも、字幕で歴史をねじ曲げるわけにはいかない。字幕屋は説得に乗り出した。

「その国の歴史に詳しい人にも確認しましたが、この事件はごく一部地域だけのことで、国家的にはなにも影響がなかったそうです。ですから『国が大きく変わった』は言い過ぎです」

するとお先方は、こう言ってきた。

「映画のラストなので、はっきり『変わった』と言い切りたい。中途半端な表現ではすっきりしない」

なんじゃ、そりゃ。

「あんたらがすっきりしたいがために歴史をねじ曲げようってのか！」

などという失礼なことはもちろん言わなかったが、おめおめ引き下がるわけにもいかない。歴史上あったことをなかったことにするのも困るが、なかったことをあったようにドラマ仕立てにして心地よく酔ってもらっても困る。

そこで字幕屋はない知恵をふりしぼって代案をひねり出した。

「この国にとって大きな一歩だ」

「大きな一歩」という表現はそれなりにドラマティックなので、映画のラストとしてイケてるのではないかと小さくガッツポーズをしたのだが、これも先方のお気には召さなかった。どうしてもヒーローのおかげで国が変わらなければ気がすまないようだ。

頭を抱えてうなり、腹を抱えてトイレに駆け込む哀れな字幕屋。こうなるとトイレどころか寝床でも、ああでもないこうでもないとそればかり考えることになる。

憔悴《しょうすい》しきったある明け方、ふと思った。

「もしかすると先方は『変わる』という語に執着しているだけかもしれない」

ははぁーん、それならば……。

文脈が読めずひとつのせりふにだけこだわる相手を納得させる簡単な方法があった。相手がこだわっている語をとにかく字幕に盛り込むこと。盛り込んだうえで時制やニュアンスをこちらの意図にそって微妙にすり替える。

先方にご満足いただけた代案は、こういうものだった。

「この国は変わりつつある」

個人的には「大きな一歩」のほうがよほど映画のラストを締めくくるにふさわしい言葉だと思うのだが、彼らにとっては「変わる」という動詞が大切だったのだろう。それが過去形でも現在進行形でも未来形でも。

こんなありさまだから、こういう人たちに助詞や語尾の一～二文字のちがいで文章のニュアンスや印象ががらりと変わってしまうことをわかってもらうのは、コムスメに人前での化粧がみっともないことをわかってもらうのと同じくらい難しい。

”売りたい！
～復活編“

言うまでもなく、売ろうと努力する行為がすべて悪いわけではない。

それどころか、売る努力をまるでしないほうが問題だ。赤貧をいとわない孤高の芸術家や左うちわの優雅な趣味人は別にして、ビジネスとして商品にかかわる以上、誠実な努力は不可欠である。要は、売り方の問題。前項では、てめえに都合よく中身をねじ曲げる哀しい例を紹介したが、今度はチャレンジングなサンプルをピックアップしよう。

「どこぞの国家元首の演説じゃあるまいし、やたらカタカナ語を並べるのはやめろ」という声が聞こえてきそうだ。申し訳ない。これから挙げる例は、「チャレンジングな」という語がぴったりくる気がして使ってしまった。「挑戦的な」と日本語で書くと、挑発的というニュアンスが入ってくるようで、いまひとつしっくりこなかったのだ。

もちろん、こうした感覚はあくまで今現在のものであって、とりわけカタカナ語は時とともに印象が変わりやすい。以前は、「タフな」といえば「体力・根性がある」という意味だったが、最近は「マラソンのタフなコース」とか「タフな試合だった」という言い方をよくする。「しんどい・キツい」といった感じだろうか。

そのうち「クール」という形容詞も浸透するかもしれない。従来、「クール」といえば「涼しい・冷たい・冷静」くらいの意味合いだったが、英語圏の人々、とりわけ若者たちはなにかにつけ「クール」と言う。「カッコイイ・いかす・いいじゃん」みたいな感じか（「みたいな」はやめろ?）。日本の若者がやたらと「かわいい・すごい」を連発するのに似ている。もう少し多彩な形容詞を学習してほしいものだ。

話が脱線したが、ここで言う「チャレンジング」とは、「困難があることは承知ながら、やりがいを感じ意欲的に取り組む姿勢」のこと。

そうした姿勢で頑張って映画を売ろうとした例が、『イカとクジラ』（二〇〇五年・米）だ。

舞台は一九八〇年代半ばのニューヨーク。ともに作家の両親と、ともに十代の兄と弟、四人家族の物語である。父はかつて注目されたが今は不遇の作家、母は今まさに売り出し中の新進作家。この二人が離婚寸前の状態で話は始まる。

なにしろ両親ともにインテリなので、表面的には食卓の会話も家族会議も理論的・理性的なのだが、どこかいびつな家族という印象だ。父は「大衆はバカだ」と言い放つような独善おやじだし、母は「正直こそ美徳」とばかりに、聞かれてもいない自分の男遍歴を十代の息子たちにいきなり語ったりする。兄は父親を敬うあまり、父親の文学的見解を自説のごとくガールフレンドに得々と語り、弟はやけくそぎみに背伸びをして酒を盗み飲みしたり、精液を学校の図書やロッカーになすりつけたり……。

あらすじを書き始めるときりがないので、興味のある方は劇場かＤＶＤでご覧いただきたい。ここで紹介したいのは、この映画の売り方である。

作中、いかにもインテリ一家の物語らしく、さまざまな固有名詞や作品名が出てくる。作家ではディケンズ、カフカ、トマス・ハーディ、エルモア・レナード。映画では『勝手にしやがれ』『ママと娼婦』『ブルーベルベット』『ショート・サーキット』『ロビンフッドの冒険』。さらにテニス選手で（一家はテニスが趣味なのだ）マッケンロー、ボルグ、コナーズ、アッシュ、ナスターゼなどなど。いま挙げたのはほんの一部だが、読者の方々はどのくらいご存じだろうか。ディケンズやカフカは知っていてもレナードは難しいかもしれない。『勝手にしやがれ』は知っていても『ママと娼婦』はどうか。人それぞれ差があるだろう。

こういうとき字幕屋は、できるだけ「世間の平均的な認知度」を探る。聞いたこともないような固有名詞や作品名をいきなり字幕に出しても、それがどういう人や物なのかわかってもらえなければ意味がないからだ。もちろん、日本での認知度が低くても物語の進行上、具体的な名を挙げる必要のあるときは字幕に出すが、そうでないときは字幕の制限字数と相談しながら省略したり言い換えたりする。

たとえば先に挙げた作家のトマス・ハーディ。この作家名は父親が口にする。離婚後、父親のほうが自宅を出て新居に引っ越すのだが、自分が買った本を書棚から抜き取って「これはわたしのだ」と言いながら持ち出す。いじましい男である。ところが取りこぼしがあった。後日、もとの自宅に来て居間を見回し、「このテレビだってわたしが買ったんだ」。さらに書棚を見て、「あ、わたしのトマス・ハーディがこんなところに!」。

字幕では、「私が買ったテレビ　私の蔵書も」とした。

出版社名も字幕では省略した。弟が夜遅く母親の家に行くと、居間にワインのボトルが転がり、なにやら内輪でお祝いをしたような痕跡がある。不審に思っていると、母親が二階から寝乱れた格好で下りてきて、言い訳がましく言う。「クノッフ社から出版が決まったの。そのお祝いよ」

実は男を引っ張り込んでいたのだが、それはともかく、アルフレッド・A・クノッフ社というのは有名な出版社らしい。日本で言えば「講談社から出版が決まったの」という感じか。いやいや、「光文社から出版が決まったの」と言うべきだ（セコいヨイショはやめろ）。

いずれにしても、米国の本好きにとっては常識中の常識、泣く子も黙る出版社なのだそうだ。けれどもわたしは知らなかった。たぶん日本の観客のほとんども知るまい。そこで字幕は「出版が決まったお祝いよ」とした。

ほかにも字幕で省略した固有名詞はいろいろある。イタリア女優の名前、モニカ・ヴィッティ。米国では超有名な出版エージェント、ビンキー・アーバンなどなど。字幕は「ストーリーの流れをよりよく理解してもらうための補助輪」という位置づけなので、これはいたしかたない。固有名詞を出したがゆえに字幕の字数が大幅に増え、観客はそれを読み切れずに頭が混乱してストーリーについていけなくなったら元も子もない。配給会社もそれは承知だ。この『イカとクジラ』を翻訳した当初、わたしの字幕は問題なく承認された。

ところがそれから一年近くがたとうとするころ、配給会社から連絡があった。「イカとクジラが航海に出ました」……ではなくて、「『イカとクジラ』が公開に向けて動き出しました。ついては、宣伝方針に沿って字幕をいくつか修正したいので、そのご相談を」。

そらきた！

こういうとき字幕屋は本能的に身構える。猫に化けて毛を逆立て、「ふーーっ！」と威嚇さえしかねない。それほど「宣伝方針に沿った修正」には悪夢のような思い出が山ほどあるのだ。わたしだけではない。字幕翻訳者はほぼ例外なく、はらわたが煮えくり返るような経験を何度もしている。

ギャグ満載のドタバタコメディだからと、字幕の「じ」の字も知らないお笑い芸人に監修を頼み、ストーリー理解への配慮も字数制限もまるで無視した字幕が出来上がったこともあった。

たとえ事後承諾に近いとはいえ、せめて公開前にこちらの了解を取ってくれるならまだしも、もっとひどい例がある。

虫の知らせか、ある日ある字幕翻訳者が自分で字幕をつけた作品を見ようと映画館に入ったら、「わたしは絶対こんな原稿書いてない!」と絶叫するようなとんでもない字幕が出てきたという。「宣伝方針」で勝手に改悪されたのだ。このときの心中いかばかりか、想像するだけで血圧が上がる。

そんなわけで『イカとクジラ』の宣伝方針とやらにも思わず身構えてしまったのだが、意外にもそれはすばらしいものだった。

配給会社の担当者いわく、「実は、物語のあちこちで言及される文学や映画やロックのディテールを前面に出して宣伝したいんです。オオタさんの字幕が世間の認知度を考えて作られているのは承知していますし、ふつうはそれでいいのですが、この作品は敢えて〝知る人ぞ知る固有名詞〟をできるだけ字幕にも出したいと思います」。

わたしは、もろ手を上げて賛成した。うれしくて鳥肌が立ったくらいだ。もちろん映画すべてでこういうやり方がいいというわけではない。あくまで作品の傾向によるのだが、『イカとクジラ』に関しては大正解であろう。

こうして、最初につくった字幕では省略していた固有名詞が復活した。「私が買ったテレビ　私の蔵書も」は「私が買ったテレビ　私のT・ハーディ」となり、「出版が決まったお祝いよ」は「クノッフから出版が決まったの」となった。女優のモニカ・ヴィッティや出版エージェントのビンキーも復活。そのすべてにおいて、字幕の字数が増えすぎないよう絶妙の代案を提示してくれた配給会社には、まったく頭が下がる。しかも、そうした知る人ぞ知る固有名詞や言葉遣いについてはパンフレットで解説してくれている。ありがたいことだ。

ところで、この項では肯定的な例として『イカとクジラ』という題名を堂々と出しているのに、前項のような文句たらたらの批判的な例では題名を伏せているのはなぜか。

言うまでもなく、わたしが保身に走っているからだ。白状すると、題名を伏せているだけではなく、ことの次第の細部をあいまいにしたりフィクションを織り交ぜたりもしている。

もちろん、いっしょに悩み、代案バトルを繰り広げた担当者が読めば、「あ、うちで配給したあの映画のことだ」と、すぐに気づくだろう。しかし担当者以外の社員は、おそらくこの本が出るころには、そんな字幕の細部のことなど忘れ去っているにちがいない。

わざわざ題名を出して、寝た子を起こすこともあるまい。触らぬ神に祟《たた》りなし。情けないことだが字幕屋稼業を続けていくためには、こういういじましい保身をせずにはいられない。

おそらくどんな世界でも、いちばんおもしろい話は公の場では聞けないのがふつうだろう。オフレコの「ここだけの話」がいちばんおいしいのだ。

わたしもほんとうは実名をばんばん挙げて激白したいのだが、それはまた引退後の話。

字幕屋に明日はない？

近年、字幕屋はゆううつだ。

フランソワ・トリュフォー監督の鮮烈なデビュー作に『大人は判ってくれない』（一九五九年・フランス）というのがあるが、字幕屋の気分としては「大人も判ってくれない」である。世間一般は言うにおよばず、配給会社さえ字幕のことをわかってくれていない。

前項の最後で「担当者以外の社員は字幕の細部のことなど忘れ去っている」と書いたが、忘れ去るどころの話ではない。彼らの多くは、字幕など大した労力もいらず、知らぬ間に入っているものだと思っている。そういう人たちは字幕制作の基本的な工程さえ知らず、ただの「翻訳」という認識しかない。たとえば、こんな恐ろしいことを平気でおっしゃる。

「フィルム（映像）はまだ届いてないけど、台本が来てるんだから翻訳できるよね。んじゃ、フィルムが届いた二日後に字幕入りの試写するから」

できねーっつーの！

つい言葉が乱れてしまうが、とにかくそんなことは不可能なのだ。「翻訳」は可能かもしれないが、「字幕」はつくれない。

なにしろ台本だけでは、せりふの長さ（時間）がわからない。ゆっくりしゃべっているのか早口なのか、複数の人間がわれ先にしゃべっているのか、実際に音声を聴かなければどうしようもない。まったく同じせりふでも状況によって長さは変わってくる。長さがわからなければ字数も決められない。それに、台本に書いてある登場人物の名前だけでは、年齢も性格も立場も、ときには性別すらわからない。あるいは、英語で「this（これ）」と言っていても、見た目の距離感で日本語では「それ」と言ったほうがふさわしい場合もある。

こういうことは映像を見なければ判断できない。それやこれや、さまざまな理由で、台本だけで字幕をつくることなどできないのだ。映像と音声があって初めて作業をスタートできる。

多様な要素（情報）を大鍋に放り込み、長時間ぐつぐつ煮て、そのうわずみをすくい上げて出来るのが字幕である。いかに優れた翻訳ソフトが開発されても字幕だけは手に負えまい（小説などの文芸翻訳もそうだと思うが）。

こうしたことをきちんとわかってくれているのは、配給会社のなかの小さな部署「制作（製作）部」にいる人たちだけだろう。制作といっても映画をつくっているわけではない。「字幕と吹き替えの制作進行」を担う部署だ。

つまり、これまで本書でさんざん褒めたりくさしたりしてきた「字幕担当者」である。いろいろ文句もつけたが、やはりこの人たちは字幕屋にとって大切なパートナーでありアドバイザーであり、上層部の無理難題からわれわれを守ってくれる守護天使だ。足を向けては寝られない（たまに尻を向けて寝てしまい、ひどい目にあう）。

ただ哀しいかな、前述したようにそこは「小さな部署」で、配給会社のなかであまり権限があるとはいえない。日ごろお世話になっている人たちに対して失礼な書き方をしたくはないのだが、はたから見ると冷遇されている印象さえ受ける。社内で字幕が重視されていない表れだろう。

以前は「制作部」だったものが、いつの間にか「制作室」になり、人員は室長一人などという例もある。それでも制作室という字幕・吹き替えの専門部署があればいいほうで、新参の会社にはたいていそれすらなく、国際部だか管理部だか営業部だか事業部だかマーケティング部だかコーディネート部だか、なんだかよくわからない部署に字幕制作業務は混ぜ込まれている。

それにしても、あのやたら長たらしく仰々しい本部・部・課名はどうにかならないものか。請求書を送るとき封書の宛名書きが面倒で困る。その会社が大きな本社ビルでも持っているなら、もらった名刺どおりの長い部署名を書くべきかもしれないが、社員十数人で狭いワンフロアなら社名と個人名だけでまちがいなく届くだろう。まして、社員五人でマンションのワンルームなのに、「国際事業本部営業管理部コーディネート課」などというのは、やめてほしい。

ともあれ、映画配給業務のなかで字幕が冷遇・軽視されているのはまちがいない。その傾向はどんどん進んでいる。字幕翻訳者にとって危機的状況なのだ。これまでは字幕ひとすじ何十年の制作部長がたくさんいて、われわれ字幕屋を守ってくれた。

たとえば数年前の大ヒット映画『ロード・オブ・ザ・リング』シリーズの字幕が原

作小説ファンによって激しい非難の嵐にさらされたとき、その配給会社の制作部長は映画フィルムを丸々一本捨てる覚悟で、「原作ファンが求める字幕」を打ち込んでみせたそうだ。

わたしは実際にそれを見ていないのであくまで想像だが、「原作ファンこだわりの字幕」は、おそらく字幕としては最悪のものだったろう。意訳や要約を許さない原作どおりの字幕は、膨大な字数になったろうし、へたをすると字幕が三行四行にもなって画面を侵食し、しかも全然読み切れなかったのではあるまいか。そんな掟破りの字幕を敢えてフィルムに打ち込んでみせ、その制作部長は原作ファンを説得したそうだ。

「ほらね、あなたがたが求めるような字幕にすると、こんなになっちゃうんですよ。これじゃ読めないでしょ」と。

もちろん、部長の独断では映画フィルムを一本捨てる覚悟で字幕を打ち込むことなどできなかったかもしれない。会社が字幕にそれなりの理解を持っていたからできたことだろう。しかし部長の毅然たる決意がなければ、こんな破格の「説得プロジェクト」は実現しなかったはずだ。この一件は、われわれ字幕屋の間で燦然と輝く伝説になっている。

こういう名物部長・室長はあちこちにいるのだが、サイボーグではないので永遠には存在してくれない。年を取れば引退してしまう。それなのに後継者はほとんど育っていない。

もちろん彼らが悪いのではない。育てたくても一人部署では育てる部下がいないのだ。必要な人員をきちんと雇用せず、その場限りの外注でお茶を濁している会社が悪い。以前はビデオやテレビ放映の字幕だけを担ってきた制作会社に、映画配給会社が劇場用の字幕制作を丸投げする例が増えている。

丸投げでも品質が保たれているなら別に文句はないが、そこがはなはだ怪しい。

なにしろ外注となれば、請け負う側は自然と値引き合戦になる。字幕のことをろくにわかっていない者にとって、唯一の選定基準は値段だからだ。部長にたった一人の部下もあてがわないような会社であれば、外注費用も安ければ安いほどいいに決まっている。

一方、とにかく仕事を受注したい制作会社は、むちゃな話だとボヤきつつも必死で安い見積書をつくる。それが何を意味するか。

翻訳料が安くてすむ新人翻訳者の使い捨てと、社員の過重労働である。

そういう制作会社も、配給会社と同様やはり人を育てていない。安さだけを求め、必要なカネをかけていない現場では、品質は落ちるばかりだ。少しの揺れで崩壊する。

何年か前、わたしが講師を務めた字幕講座にすばらしく優秀な受講生がいた。この人ならすぐにも仕事ができると思い、ある制作会社に紹介したのだが、甘かった。みごと使い捨てにされてしまったのだ。

優秀できまじめなので仕事は次々にきたらしい。ところが会社側に、その人を大きく育てるとか正当に評価するという発想はなかった。「早い安いうまい」で、ラッキーとばかり便利に酷使するのみ。しかも翻訳料は、近所のコンビニで時給八百円のアルバイトをしたほうがよほどましだと思えるような金額だったらしい。細かくアフターケアをしなかったわたしの罪でもある。

「もうこれ以上は身が持たないので、せっかく紹介していただいたのですが字幕の仕事はやめます」と電話で報告を受けたときはショックだった。あわてて、「もっとましな仕事を紹介したらやる?」と言ってみたが、すでにその人は身も心もぼろぼろで、「ただもう、休みたいので……」と言うばかり。そして去っていった。痛恨の経験である。

営利企業が早さと安さを追求するのは当然かもしれないが、生身の人間がかかわる仕事である以上、限度というものがある。まして品質を犠牲にしてまで、むやみやたらとモノをつくることになんの意味があるのか。プロとしての誇りはないのか。

いや、各自・各社それぞれに誇りはあるのだろうが、残念ながら字幕の良し悪しまで評価できる人はきわめて少ない。刺身のつまか飾りの菊花くらいにしか思っていないのだろう。とりあえず「それらしいもの」が誤訳なく入っていればいいらしい。それならいっそ英文科の優秀な学生でもアルバイトに雇って翻訳させればいい。さぞ安くあがって双方ハッピーだ。誇りを持って上質の字幕づくりに努めている制作会社のトップも、ぼやいていた。「最近は目利きが減って、受注競争は値引き合戦だけになってきた」と。

早さの追求にも閉口する。字幕制作の早さを求める理由のひとつは、近年増殖中の「日米同時公開」だ。これは、いわゆる超大作に限られるので、わたしなどはあまりひどい目にあっていないけれど、売れっ子の同業者はたいへんらしい。

まだ映画が完成してない時点で中途半端な台本を渡され、「はい、これで字幕つくってね」と言われる。台本だけで字幕はつくれないと先に書いたが、この場合はもっとひどい。なにしろ、その後せりふや構成がころころ変わるのだ。せっかく翻訳した長いシーンが完成版ではばっさり削除されていたり、逆に新しいせりふがあちこちに出てきたり。台本が未完成版と完成版のふたつだけならまだしも、その間に「ちょっと完成に近づきました版」やら「完成直前版」やらがわらわらとメールで送られてくることもある。二度手間どころか、三度手間、四度手間である。

さらに、ファン待望のスーパーウルトラスペシャル大作ともなると映像は極秘扱いとなり、たとえ映画が完成していても公開直前まで日本にフィルムを送ってくれず、字幕翻訳者が米国に出向いて作業をすることもある。ご苦労なことだ。

映画館より書店が好きな異端のわたしは、日本公開が数日か数週間くらい遅れてもいいではないか、と思ってしまうのだが、知り合いの映画ファンに言わせるとやはり日米同時公開は大きな魅力なのだそうだ。ゆえに百歩ゆずって、そういう早さ追求はやむなしとしよう。

しかし、もうひとつの閉口する早さ追求がある。まだ公開時期も公開劇場も決まっていない作品でさえ、配給が決まった時点でやみくもに「一刻も早く！」と尻をたたかれるのだ。へたをすると配給（劇場公開）さえ決まっていない。お蔵入りになるか、せいぜいＤＶＤ発売のみか、という映画でも、「早く字幕を！」と絶叫なさる。

だいぶ人生を投げている字幕屋オオタは、「まあまあ、ゆっくりやりましょうよ。せっかくいい作品をお買いになったんですから、字幕もじっくり取り組んでいいものにしなくちゃ」などと、おべんちゃら交じりに言ってみるのだが、まず通用しない。

とにかく早く、一刻も早く！

号令はこればかりだ。

確かに配給会社としては、劇場関係者に見せて公開の確約を取らなければならないし、宣伝戦略にも十分な時間をかけなければならない。だから早く字幕を入れたい気持ちもわからないではないのだが、あまりに無理なスケジュールで字幕づくりをさせられた挙げ句に公開が二年後だったりすると、私生活のすべてを犠牲にして徹夜したあの日々はなんだったの、という気にもなる。

早さと安さ、すなわち時間とカネの節約。

このふたつを最優先にする効率主義がちまたにあふれている。質を保つために必要な時間（労力）とカネを惜しめば、世界は低劣で薄っぺらなものになってゆくだろう。けれどもヒトは順応性が高いので、いつの間にかそれに慣れてしまう。怖いのはそこだ。

”明日に向かって打て！“

本家の『明日に向って撃て！』（一九六九年・米）のように一斉射撃を浴びて蜂の巣にされるのはいやなので、字幕屋はおとなしくひっそりとワープロのキーボードを打つ。

それでも、批判の矢や罵倒の弾丸で心が穴だらけというケースもなくはない。字幕には、「こうやってつくれば安心」というマニュアルも正解もないので、万人に納得してもらえるものはつくれないのだ。

当然、不満や批判が出てくる。以前は表面化しにくかったが、いまはインターネットの普及で見知らぬ者同士がたやすく共闘できるようになり、批判や罵詈雑言が恐ろしい奔流となって瞬時に世界を駆け巡る。さらに、その奔流に目をつけた週刊誌などの既存メディアが取り上げて「問題化」する。前項で書いた『ロード・オブ・ザ・リング』の一件も、インターネットの力が大きかったのではないだろうか。

わたしは必要な調べものをするときにインターネットを活用するくらいで、掲示板とかブログといったものはめったに読まない。中身はピンからキリまでさまざまだろうが、少なくとも誤字脱字文法破綻だらけの果てしない自慰的垂れ流し文を読むくらいなら、寝転がって紙の書物を読んでいるほうがましだからだ。

ただ一度だけ酔っ払った勢いで、「映画字幕罵倒サイト」ともいうべきところに潜入してみた。全部を読むほど暇ではないので、ごくごく一部なのだが、排他的な内輪の言葉遣いにうんざりしつつも、「なるほどな」と思うところもあった。

彼らの基本的主張のひとつは、「ほんとうは字幕に頼らず英語（外国語）だけで映画を楽しみたいが、そこまでの語学力はない。ただ、ある程度は耳で聞いて意味がわかるので、字幕的意訳とのギャップにイライラすることが多い。いったん不信感を抱くと総体に疑いの目で見てしまい、映画そのものを楽しむどころでなくなる。どうにかしてくれ」というものらしい。

確かに、おっしゃるとおり。お気持ちお察しします。

本書の最初のほうで書いたが、わたしも字幕版で映画を見るのはあまり好きではない。よせばいいのに他人の字幕の細かいところを心の中で添削してしまい、イライラするのだ。

もちろん欠点をあげつらうだけでなく、「うまい！　名訳だ！」ということもあるが、これはこれで、そこまでのうまい字幕をつくれない自分が情けなくなり、悔しくてムカムカする。どっちに転んでも救いがない。

もうひとつの字幕批判に、「原作主義」がある。『ロード・オブ・ザ・リング』のように、もともと熱烈な原作小説ファンがいて、それが映画化された場合、そのファンを納得させる字幕をつくるのは至難の業だ。これまでしつこいほど書いてきたように、字幕は単なる「映画理解のための補助輪」にすぎない。ストーリーをまったく知らない人が一度だけその映画を見たとき、それなりに楽しめるよう配慮してある。原作を熟知したファンの細かな用語的こだわりには、はっきりいってつきあっていられないのだ。映画館に行けばいやでも字幕が目に入るので「意訳」にムカつくのはわかるが、物語を細部まで熟知しているのなら字幕など読む必要はないではないか。スクリーンの隅っこにあるうっとうしいキズだと思って無視していただけないものか。だめ？

こうした「こだわり派」がいる一方で、字幕などまったく気に留めない観客もいる。こちらのほうが多数派かもしれない。

わたし自身、むかしはそうだった。別に映画ファンではないので大した本数は見ていないのだが、それでも中学生のころから、字幕翻訳という仕事がこの世に存在することを知った二十三歳までの、十余年間に百本近い外国映画を見ている。

思いつくまま挙げると、『ポセイドン・アドベンチャー』『エクソシスト』『ディア・ハンター』『エレファント・マン』『ライトスタッフ』『アマデウス』……つくづく妙なラインナップだ。中学高校はキリスト教系の学校だったので、講堂における「出前上映」で見た『十戒』『ベン・ハー』『ブラザー・サンシスター・ムーン』なども忘れがたい。

生徒会有志がシスターたちを説得して企画上映したロック・ミュージカル『ジーザス・クライスト・スーパースター』にいたっては、すっかりほれこんでしまい、サウンドトラック盤の歌詞カードの英語をすべてノートに書き写し、カセットテープが酷使に耐えかねて切れるまで聴いた。さらにその後、神戸でリバイバル上映があると知り、わざわざ新幹線に乗って見に行った。大学受験さなかの高校三年の冬である。併映は『ビリー・ザ・キッド』。遠出したもとを取ろうと映画館に居座って各々二回ずつ見た。

ところが、こうした鮮明な記憶があるにもかかわらず、十余年間で見た外国映画のどれについても、字幕を読んだ記憶が一切ないのだ。英語の成績別クラス分けで、四クラス中三番目のクラスだったわたしが、じかに英語を聴き取れたはずはない。たぶん意識せずに漠然と字幕を読んでわかった気になっていたのだろう。将来、自分がこの職業に就くとも知らずに。かなりマヌケな話である。

とはいえ、これが字幕のあり方の理想ともいえる。読んでいることを意識させない字幕。なんとなく目の端で読んでいるのだが、外国語のせりふそのものを聞いて直接わかっている気持ちにさせる字幕。同業の第一人者も先ごろテレビで言っていた、「わたしの理想は〝透明な字幕〟」。

そう、映画字幕は存在を主張してはならない。

空気のように、水のように、あって当たり前のもの、ないと困るけれどそのわりにあまり評価されない存在、そんなものであるべきだ。字幕屋は闇の介助者なのである。

……などと、謙虚かつ自己陶酔的に言ってはみるものの、いささか気にかかる傾向もある。最近、同業者から聞いたのだが、シネコン（シネマコンプレックス）の入り口でこんな言葉が聞かれるらしい。

「吹き替え版は満員？　しょうがないな。字幕版でも、まあいいか」

外国映画を吹き替え版で見るか字幕版で見るかは、まったく個人の自由なので、文句をつけるつもりはないのだが、なんとなく気にかかるのはなぜだろう。それが「個人の自由」というより「世間の総体的な傾向」だからかもしれない。

情報容量の大きいＤＶＤで、吹き替えや字幕や英語（原語）表示を自由に選択できるようになったのは単に技術的な進歩ゆえだ。しかし映画館における吹き替え版の増加は、それとは少しちがうような気がする。明らかにそういう需要があるのだ。でなければ字幕以上に時間も費用も人員も要する吹き替え版を、フィルム到着から劇場公開までのわずかな期間にわざわざ苦労してつくるとは思えない（ああ、また配給会社に嫌われそうなことを書いている……）。

大した需要がないのならＤＶＤ用にだけ、あとでゆっくりつくればいいのである。しかも映画公開（配給）というのは、いわばスクリーンの奪い合いなので、ひとつの作品に吹き替え版と字幕版の二種類があると、上映プログラムの編成もたいへんなはずだ。なのに、ヒットが見込めるハリウッド大作ほど吹き替え版が多い。これはもう、かなりの需要があると思わざるを得ない。それを象徴するのが前述の「吹き替え版は満員？　しょうがない、字幕版でもいいか」という言葉であろう。

ではなぜ吹き替え版の需要・人気が高まっているのか？

この問いを発したとき自然と、本書でこれまでくどくど書いてきた「日本語力の低下・変質」という問題を思い起こしてしまう。暴論のたぐいかもしれないが、その線に沿って「吹き替え版台頭の原因」を列挙すると、こうなる。

一、字幕（文章）を読むのは面倒くさい。

二、知らない字や言葉がしょっちゅう出てくるので字幕を読んでも話がよくわからない。

三、だから、たとえ俳優のナマの声や言い回しの演技を味わえなくても、吹き替え版のほうが気楽に映画を楽しめる。

列挙というより経緯というべきか。結局はすべて同じ原因である。

言葉の貧困。

うるさいくらい長々としゃべることはできても、書けないし読めない。メールやブログや掲示板で一見「書くこと」がブームになっているが、それらの多くは「しゃべるように」だらだら書くだけで、読み手への配慮は一切ない。仲間内だけのいびつな言葉遣いでつるみ、考えや立場のちがう人たちとはコミュニケーションしようとしない。

たまに勇気ある「よそ者」が真摯に意見してくると、「格好のいじめ対象」が現れたとばかりに、罵倒し冷笑し袋だたきにする。

要するに、幼稚なのだ。

語彙力・表現力の低下は、コミュニケーション能力の低下につながる。これすなわち幼稚化。コミュニケーション能力とは、だらだらしゃべりちらすのが得意かどうかということではない。深い思考を伴う本物の対話ができるかどうかということだ。

寡黙であってもコミュニケーション能力の高い人はたくさんいる。逆に、ものごとや他者の気持ちを考えず、行き当たりばったりに気分だけで（あるいは沈黙が怖くて）しゃべりちらす人々は、往々にして幼稚である。

しばしばニュースになる「いじめ問題」も、ここにいきつく。子どもも大人も、いじめをするのは知性の低い幼稚な人々であろう。誤解のないように言っておくが、知性とは成績やテストの点数のことではない。いくら学校でお勉強ができても仕事で出世できても、知性や人間性に欠ける幼稚な馬鹿者は世の中に掃いて捨てるほどいる。

己の弱点を棚に上げて、また偉そうに書いてしまったが、本題に戻ろう。

思えば以前は、映画館での吹き替え版といえば子ども向けのアニメのみだった。ディズニーのアニメ作品などは、字幕版を中高生以上の「大人」向けにつくり、字幕を読むのがむずかしい小学生以下を対象に吹き替え版をつくっていた。字幕版を担当するとき、「アニメですし、あまり難しい言葉は使わないようにして、多少〝お子さま向け〟にしましょうか」と問うと、「いや、字幕版はいつもどおりの語彙でやってくれてよい」と言われたものである。この記憶は一九九二年、劇場版の『アラジン』だった。

あれから約十五年、いまやハリウッド大作の吹き替え版は当たり前、字幕版では「難しい漢字や表現はやめてください」とたびたび注文のつく今日このごろ。いまは拮抗していても、あと数年すると字幕は絶滅危惧種になるのではないか、という悲観的な気分にもなる。

字幕屋、危うし。

しかし生き残るために世間の幼稚化に迎合するばかりではおもしろくない。「けっ！」と後足で砂をかけて老兵は去るのみ、という手もあるのだが、まだ中年でもあり、たとえ負け戦とわかっていても、もう少し闘ってみたい。そこでドン・キホーテ・デ・ラ・ジマクンチャは考えるのであった。

実は、字幕復権の秘策がある。その名も「難易度別字幕上映システム」。

つまり、サルでもわかりそうなお子さま向けレベルの「あっさり字幕」から、インテリや専門家やコアなファン向けの「こってり字幕」まで、三〜五段階くらいに難易度を分けてそれぞれ上映するのである。シネコンで吹き替え版と字幕版があるごとく、スクリーン1では「あっさり字幕」、スクリーン2では「ふつう字幕」、スクリーン3では「こってり字幕」。どれかひとつを選んで見るだけでもいいが、1、2、3と順番に三度見れば、毎回新しい発見があって一作品で三度おいしい。

だいたい、映像がめまぐるしく展開する映画を一度見ただけできちんと理解できるだろうか。われわれ字幕屋は仕事で一作品を最低でも三度、ときによると十度ほど見るが、それでも見落としや勘違いがけっこうある。そして、優れた映画ほどその度合いは高い。いい作品は繰り返し見る価値があるのだ。残る問題は、難易度別字幕をつくる予算と、さらなるスクリーンの増設のみ……。

　だれもがあきれ果てる超絶プラン、頭おかしいんじゃないかと言われてもしかたがない。いわば夢物語だ。となると、やはり字幕屋、危うし。

　とはいえ実際に、こんな例もあるらしい。

　非常に難解な映画がきたとき、劇場

用にはわかりやすさを第一に考えた字幕をつくり、その後DVDではもう少し原文に忠実な「こってり字幕」に変えたとか。現実的な範囲でよりよいものを提供しようと頑張っている人々もいるわけだ。

風車に槍をかまえて突撃する気概を持ちながら、足元の小さな一歩をじわりと進める。これしかあるまい。

そう思い定めた字幕屋は、明日の締め切りに向かって今夜も静かにキーボードを打つ。

あとがき

字幕屋は「簡潔明瞭な言葉」を求めてさまよい、わずか一字二字の増減に汲々とする。

それは職業病のようになり、ふだんでもむだに長い文章を見かけると、趣旨を損なわずに何文字減らせるか真剣に考えたりしている。

街角の看板、電車内の注意書き、商品パッケージの文言……。たとえば、

「喫煙は、あなたにとって心筋梗塞の危険性を高めます」

この「あなたにとって」は、いらないのではないか？　正確を期すためなのだろうが、たばこパッケージの警告文は総体に日本語としてバランスが悪く、どうにも気に入らない。こうなったら意地でも禁煙なんかしてやるものか、とまでは思わないが。

そんないびつな日々のなか、字幕屋の扉をトントンとたたく者があった。

「本を書いてみませんか」

本書の執筆を打診されたとき、わたしはときめいた。四百字詰め原稿用紙二百枚超、もちろん字数制限などない。

書きたいだけ書ける！

字幕屋にとっては夢のような、広大な平原が開けた心地だった。わたしは大喜びで飛びついた。「書きます書きます、すぐ書きます、いま書きます、どしどし書きます！」

ところが——。

甘かった。生まれてこのかた四畳半一間に暮らしてきた人間が、いきなり大宮殿に移り住んだようなものだったのだ。あっちへうろうろ、こっちへうろうろ、いくら歩き回っても宮殿内を把握できない。落ち着かない。それでもせっかく広い場所を得たのだから、きっちり過不足なく使いこなしたい。各部屋の用途を決め、家具を美しく配置し、毎日ごちそうをならべ、庭木の手入れも怠りなく……。けれど、なにひとつうまくいかない。身の丈に余るものを前にして、わたしは途方に暮れ、また四畳半に引きこもってしまった。

そこへ再び、トントンとノックの音。

「締め切り制を導入しませんか」

いつまでもぐずぐずしているわたしを見かねた編集氏である。氏は炯眼《けいがん》だった。字幕屋の生態に目をつけたのだ。

字幕の世界で締め切りは死守すべき至上命令。いつも一週間か十日単位で締め切りに追われている。ところが書物の締め切りは半年後とか一年後で、あってなきがごとし。これでは怠け者の字幕屋が緊張感を欠き、だれるのも無理はない。そこで氏は厳かに提案した。

「毎月、締め切りを設けましょう。一か月で書けた分をそのつど見せてください」

これでやっと重い腰が上がった。字幕の仕事を終えてから夜な夜な一枚書き、二枚書き、三枚書き……、まだまだ足りない、うらめしや。妖怪になった気分でカタツムリの歩を進め、なんとかここまでこぎつけた。

いろいろ暴論も吐いたし、見当違いや勘違いもたくさんあるだろう。映画字幕という仕事をしていながら映画愛に乏しいことも露呈してしまった。

ともあれ、映画はなかなか奥が深い。字幕のことなど気にせずに、ぜひ映画館に足を運んで、それぞれ自分なりに作品を楽しんでいただきたい。

この仕事をし続けてよかったなと思える効用のひとつは、さまざまな価値観が世界に存在することを、理屈ではなく体感として経験できたことだ。要するに、世の中なんでもありだとわかり、少々のことには動じなくなる。離婚や中絶や死や心の病や一家離散などあたりまえ、戦争もテロも宗教対立も死後の世界もクーデターも弾圧も暴力もマフィアの抗争も天災も、日常茶飯事。

もちろん「動じなくなる」というのは、感覚がまひするということではない。平和で小さな日常に充足し、外の世界へあまり目を向けずに暮らしていると、なにかが起きてもそれが他人事である限り、想像力が働きにくくなる。優雅にお紅茶などいただきながら少しだけ眉をひそめ、「まあ、かわいそうに」「怖いわねえ」「世の中おかしくなっちゃったのかしら」などと、ありきたりなコメントを述べるのみ。当然その話題はそれ以上展開せず、空気を読むのに長けたマダムが適当なころあいを見計らって軽やかに舵を切る。

「ところで、すごくいいサプリメントを見つけちゃったの。これがすごく効くのよ！」

なにが「ところで」か。平和である。

字幕をやっていると、そう脳天気にはしていられない。もちろん劇映画はフィクションであり疑似体験に過ぎないが、字幕をつくるためには、せりふを精読し映像を凝視し、それぞれの人物がなにを言いたいのか必死で探らなくてはならない。字数制限がなければ単なる翻訳機と化して直訳でお茶を濁すこともできるかもしれないが、制限字数内に要約するには心情を読まねばならないのだ。ゆえに、たとえ架空の話でも、凄惨な悲劇に見舞われた人物に深く感情移入し寄り添うことになる。

テレビのニュースや新聞で事実を知り、知識人や学者のコメントを聞いて理屈を知るのも大切だ。だが、さらにもう一歩踏み込んで「もしこれがわが身のことだったら」と想像し感じるには、映画や小説が力を発揮するのではないだろうか。

もちろん、気分転換や暇つぶしでもかまわない。笑って泣いてすっきりするのも効用だ。「映画はわたしの人生の教科書です」などと言うのはやめておこう。気紛れに手に取る副読本でいい。

静かに粘り強くオオタの尻をたたき続けてくれた、くだんの「編集氏」、光文社新書編集部の小松現氏に心からの感謝を。

「なかなか書けない。ちっとも進まない」

というオオタのうるさい愚痴を受け止め、励ましやアドバイスやネタをくださった方々にも感謝します。

二〇〇七年一月

太田直子

知恵の森
KOBUNSHA

字幕屋《じまくや》のホンネ
映画《えいが》は日本語訳《にほんごやく》こそ面白《おもしろ》い

著　者 — 太田直子（おおた なおこ）

2019年　2月20日　初版1刷発行

発行者 — 田邉浩司
組　版 — 萩原印刷
印刷所 — 萩原印刷
製本所 — ナショナル製本
発行所 — 株式会社 光文社
東京都文京区音羽1-16-6 〒112-8011
電　話 — 編集部(03)5395-8282
書籍販売部(03)5395-8116
業務部(03)5395-8125
メール — chie@kobunsha.com

ISBN978-4-334-78765-3　Printed in Japan

78476-8
tあ1-1

有吉《ありよし》 玉青《たまお》

お茶席の冒険

静寂の中、湯の沸く釜の音に耳を傾け、季節の花を愛で、茶をいただき、そして、自分もまた点てる。お茶の教室は未知の世界への扉である。

（解説・檀　ふみ）

571円

78721-9
tい11-2

今尾 恵介

番地の謎

「そもそも番地とはなにか？」「どんな順番で並んでいるのか？」など、〝住所〟の知られざる仕組みを、興味深い実例を紹介しながら徹底分析した一冊。『住所と地名の大研究』改題。

820円

78729-5
tい14-1

岩瀬《いわせ》 幸代《さちよ》

ゆるり、南の島国へ

アユボワン！ スリランカ

文庫書下ろし

心と体を整えるアーユルヴェーダ、仏教遺跡、バワ建築と星占い、そして美しい海…。旅のコーディネートも手掛ける著者が、ガイドブックに載らない、スリランカの魅力を教える。

800円

78719-6
tう5-1

宇《う》 多《た》 丸《まる》

アイドルソング時評２０００―２００８

ライムスター宇多丸のマブ論ＣＬＡＳＳＩＣＳ

２０００年から２００８年にかけ、平成アイドル史の転換点を彩る楽曲の数々を、ヒップホップ界随一のアイドル好き・宇多丸が徹底批評。秋元康、吉田豪との座談会も収録。

1020円

78157-6
bえ3-1

永《えい》 六輔《ろくすけ》

日本人のこころの「結界」

言っていいこと、悪いこと

言葉の世界にも結界がある。あるときは結界を踏み越えることで古い価値観が崩れ、世の中を変えてゆく。逆に、時代が変わっても触れてはいけない結界もある。『結界』改題。

520円

78240-5
bえ3-4

永 六輔

明るい話は深く、重い話は軽く

文庫書下ろし

伝えたい言葉、残しておきたい言葉もあれば、心に響かない言葉、無味乾燥な言葉もある―。日本中を旅して〝出たきり老人〟と異名をつけられた著者の〝話〟の妙味を集大成。

520円

78156-9
aえ1-2

エンサイクロネット 編

今さら他人《ひと》には聞けない疑問650

一度とりつかれると、答えを知りたくてたまらなくなる疑問、愚問、珍問、難問。その答えは、高尚すぎて、くだらなすぎて誰も教えてくれない。『ナゼだ!?』改題。

720円

78661-8
tお10-1

岡崎《おかざき》 武志《たけし》

読書の腕前

本は積んで、破って、歩きながら読むもの…。ベストセラーの読み方から、「ツン読」の効用、古本屋との付き合い方まで。〝空気のように本を吸う男〟が書いた体験的読書論。

740円

78695-3
tお10-2

岡崎 武志

読書で見つけた
こころに効く「名言・名セリフ」
文庫オリジナル

年間数百冊を読む書評家が、読書で見つけた「生きる勇気をくれる言葉」を厳選。人生の壁にぶつかったとき、心が折れそうになったとき―胸に沁みるユニークなコラム集。

720円

72789-5
aお6-1

岡本《おかもと》 太郎《たろう》

今日の芸術
時代を創造するものは誰か

「今日の芸術は、うまくあってはならない。きれいであってはならない。ここちよくあってはならない」―時を超えた名著、ついに復刻。
(序文・横尾忠則　解説・赤瀬川原平)

560円

78188-0
aお6-2

岡本 太郎

芸術と青春

岡本太郎にとって、青春とは何だったのか。孤絶をおそれることなく、情熱を武器に疾走する、爆発前夜の岡本太郎の姿がここにある。
(解説・みうらじゅん)

514円

78356-3
aお6-3

岡本 太郎

日本の伝統

「法隆寺は焼けてけっこう」「古典はその時代のモダンアート」『今日の芸術』の伝統論を具体的に展開した名著、初版本の構成に則って文庫化。
(解説・岡本敏子)

640円

78223-8
cな1-1

中野《なかの》 雄《たけし》 ほか

スジガネ入りのリスナーが選ぶ

クラシック名盤この1枚

プロの演奏家、制作者、評論家から、ジャーナリスト、アマチュア音楽家、実業家、教員、普通の会社員まで、「生きる糧」として聴きぬいてきた選りすぐりの名盤。

1333円

78739-4
tな9-1

長野《ながの》 伸江《のぶえ》

日本語は悪態・罵倒語が面白い

古事記・日本書紀から、明治から平成の文学作品、はては国会論議から夫婦ゲンカに至るまで、悪態・罵倒語はどのように使われてきたのか。『この甲斐性なし！ と言われるとツラい』改題。

740円

78715-8
tな8-1

中山《なかやま》 康樹《やすき》

超入門ボブ・ディラン

2016年のノーベル文学賞に輝いたボブ・ディラン。本書は、難解ぶる視点をリセットして、ディラン必聴の10枚の解説を中心に、ディランの世界の魅力と、その人物に迫る。

740円

78705-9
tひ5-1

広瀬《ひろせ》 和生《かずお》

増補『談志の十八番』 名演・名盤ガイド

談志は「これ」を聴け！

最晩年まで、天才落語家・立川談志の高座を、追いかけ続けた著者だからこそ書ける談志論、名演ガイド。落語ファンにも、〝談志嫌い〟にもお勧めの増補決定版！『談志の十八番』改題。

840円

78594-9
tふ4-1

古川《ふるかわ》 修《よしみ》

ああ、「江戸前」の幸せ

蕎麦屋酒

蕎麦屋の醍醐味は蕎麦と酒と酒肴のハーモニーにあり―蕎麦と酒に関する豊富な知識と愛を基に究極の大人の愉しみを紹介。老舗から新店まで五感で選んだ蕎麦屋ガイド付き。

680円

78668-7
tま2-1

丸田《まるた》 勲《いさお》

モノの値段で知る江戸の暮らし

江戸の卵は一個四〇〇円！

大工の年収318万円、将軍の小遣い19億円…。江戸の物価を現在の円に換算すれば、江戸の暮らしがもっと身近に感じられる。時代劇や時代小説がもっと面白くなる一冊。

620円